パワーポイントで学ぶ

教師になるための
特別支援教育

田中良三・湯浅恭正・藤本文朗　共編著

JN082557

培風館

執筆者一覧 (50音順，2020年4月現在)

＜　＞は執筆分担を示す

伊 藤 修 毅　　日本福祉大学教育・心理学部准教授 ＜4-3＞

今 井 理 恵　　日本福祉大学教育・心理学部准教授 ＜3-3＞

小 方 朋 子　　香川大学教育学部教授 ＜3-4＞

尾 崎　　望　　京都民医連小児科医 ＜4-4＞

小野川文子　　北海道教育大学釧路校准教授 ＜3-5＞

小 渕 隆 司　　北海道教育大学釧路校准教授 ＜2-2＞

金　　仙 玉　　愛知みずほ短期大学現代幼児教育学科講師 ＜5-2(3)＞

國 本 真 吾　　鳥取短期大学幼児教育保育学科教授 ＜4-5＞

窪 田 知 子　　滋賀大学教育学部准教授 ＜3-2＞

児 嶋 芳 郎　　立正大学社会福祉学部准教授 ＜4-2＞

小 畑 耕 作　　大和大学教育学部教授 ＜2-1＞

武 田 康 晴　　華頂短期大学教授 ＜4-1(1)，(2)，(3)，(4)＞

田 中 良 三　　愛知みずほ短期大学現代幼児教育学科特任教授

　　　　　　　（愛知県立大学名誉教授）　＜1章，コラム，付録2，3＞

林　　静 香　　華頂短期大学講師 ＜4-1(5)，(6)，(7)＞

平 田 勝 政　　長崎ウエスレヤン大学教授（長崎大学名誉教授）＜5-1＞

藤 本 文 朗　　滋賀大学名誉教授 ＜5-2(4)，付録1＞

三 木 裕 和　　鳥取大学地域学部教授 ＜2-3＞

水 野 和 代　　日本福祉大学非常勤講師 ＜5-2(1)，(2)＞

薮　　一 之　　同朋大学非常勤講師 ＜3-7＞

山﨑由可里　　和歌山大学教育学部教授 ＜3-6＞

山 田　　孝　　元 彦根市立稲枝中学校校長 ＜2-4＞

湯 浅 恭 正　　中部大学現代教育学部教授 ＜3-1＞

はじめに

　障がい児の教育は，長い間「特殊教育」制度として取り組まれてきました。2007年度からは新たに「特別支援教育」制度として現在に至っています。

　1960年代半ばごろから，就学を猶予・免除された障害の重い子どもたちに学校教育を求める運動が全国各地で野火のように燃え広がりました。これは，1979年度からの「養護学校教育の義務制実施」に結実しました。

　このような社会的状況のもとで，障がい児の教育を，「特殊教育」ではなく，人間発達の保障をめざす「普通教育」として捉える新たな潮流ができました。しかし，これは，国の「特殊教育」制度の下では，一部の人たちの考えでしかありませんでした。

　現在の「特別支援教育」制度は，これまでの障がい児の教育を飛躍的に発展させる可能性を秘めています。特別支援教育は，障がい児の教育と一般の教育を二分化して捉えるのではなく，インクルーシブ教育として，ともに育ち合う教育を目指しているからです。

　また，「障害者権利条約」や「障害者差別解消法」をバックボーンに，障がい児の教育を小学校・中学校・高等学校までの学校教育だけではなく，高等教育を含む生涯にわたる学びの権利を支援する教育として捉えています。ここでは，「Nothing About Us Without Us（私たちのことを，私たち抜きに決めないで）」（「障害者権利条約」の基本精神）という言葉に見られるように，学びの主体はあくまで障がい者自身であることです。

　2019年度から，大学等で幼稚園・小学校・中学校・高等学校の教員免許の取得を目指す人たちに，新たに「特別支援教育概論」の科目が課せられることになりました。必修化されるにあたって，これまでの長年にわたる障がい児の教育の歴史的蓄積の基に，障がい児だけでなく，不登校，被虐待，外国籍，貧困などさまざまな発達的・教育的困難をもつ特別なニーズのある子どもたちを含む「特別支援教育」として教育対象が大きく膨らみました。

　本書は，これからの時代の「特別支援教育」を担う教員をめざす人たちのための入門テキストとして編集しました。

本書の特徴は，次のようです。
① 今日の制度・政策や教育内容・方法のハウツウについての解説ではなく，長年にわたる障がい児の教育を踏まえた歴史的視点に立っています。
② 小学校，中学校，高等学校までにとどまらず，大学などを含む学校教育全般と，さらに生涯にわたって人間発達を支援する多様な学びを視野に入れています。
③「特別支援教育」を人権教育として捉え，この教育を通してわが国のインクルーシブ教育を創造していくという教育改革的視点に立っています。
④ 希望される授業の担当者には，テキストのパワーポイントをそのまま授業で使うことができるように，ダウンロードできるデータの用意があります。

「特別支援教育」は，教育の原点です。みなさんが競争一辺倒の能力主義の教育を克服し，共に学び・育ち合う人間に対する愛と信頼を育む教員となっていただくことを期待しています。

　2020 年 1 月

　　　　　　　　　　　　　　　　　　　　　　　　田中　良三

授業の担当者用のパワーポイントのデータは
培風館のホームページ
　http://www.baifukan.co.jp/shoseki/kanren.html
から，アクセスできるようになっています。
ご授業の際に，参考にして有効にご活用ください。

目　　次

第 1 章　特別支援教育とは

　長年，特殊教育として行われてきた障がい児の教育は，2007年度から新たに，特別支援教育として生まれ変わりました。それ以降，今日までにこの教育を受ける小学校，中学校をはじめ，幼稚園から高等学校までの児童生徒は爆発的に増えました。特別支援教育制度になって，何がどう変わったのか，そして現在の状況と今後の方向について見てみましょう。

「特殊教育」では，障害の種類や程度に応じて盲・聾・養護学校や特殊学級といった特別な場で指導を行うことにより，手厚くきめ細かい教育を行うことに重点が置かれてきました。

「特別支援教育」は，障害のある幼児児童生徒の自立や社会参加に向けた主体的な取組を支援するという視点に立ち，幼児児童生徒一人一人の教育的ニーズを把握し，その持てる力を高め，生活や学習上の困難を改善又は克服するため，適切な指導及び必要な支援を行うものです。

パワポ1　特別支援制度について

パワポ2　特別支援教育の対象の概念図
（文部科学省「今後の特別支援教育の在り方について（最終報告）」より）

1-1　特別支援教育制度について ──────────

（1）特別支援教育の制度化過程

2001 年 11 月　文部省・協力者会議「21 世紀の特殊教育の在り方について」
　　　　　　　　（最終報告）

2003 年　3 月　文部科学省・協力者会議「今後の特別支援教育の在り方につ
　　　　　　　　いて」（最終報告）

2005 年　4 月　文科省「特別支援教育体制推進事業」（47 都道府県）

　　　　 12 月　中央教育審議会「特別支援教育を推進するための制度の在り
　　　　　　　　方について」（最終報告）

2006 年　6 月　「学校教育法等の一部を改正する法律」制定（2007 年 4 月 1 日
　　　　　　　　施行）

2007 年　4 月　特別支援教育制度の開始

2014 年　1 月　日本政府「障害者権利条約」批准

2016 年　4 月　「障害者差別解消法」施行

（2）特別支援教育になって

1. 従来の「盲学校」「ろう学校」「養護学校」という名称は無くなり，「特別
支援学校」に 1 本化。これまでの障害種別ごとに設置されてきた学校が，
各障害を統合した学校設置が可能になった。
2. 「特殊学級」→「特別支援学級」となった。
3. 従来の障害種に，「発達障害（学習障害，注意欠如・多動症，自閉症スペ
クトラム障害）」が加わった。
4. 通常学級も障がい児の教育の場になった。

（3）特別支援教育の体制整備

1. 　公立の幼稚園，小学校，中学校，高等学校に「特別支援教育コーディ
ネーター」を配置
2. 「校内委員会」の設置
3. 「個別支援計画」「個別指導計画」の作成
4. 都道府県および市町村に「特別支援教育地域連携協議会」を設置

	通常学級	通級指導	特別支援学級	特別支援学校	全児童生徒数
2007年度	681,342人 〈6.3%〉	45,240人 (0.23%)	113,377人 (1.05%)	58,285人 (0.54%)	10,815,272人 (100%)
		216,902人 (2.01%)			
2017年度	637,284人 〈6.5%〉	108,946人 (1.1%)	235,487人 (2.4%)	71,802人 (0.7%)	9,804,362人 (100%)
		416,235人 (4.25%)			

パワポ3　義務教育（小中学校）児童生徒数
（文部科学省「特別支援教育資料」各年度版より作成）

	小学校		中学校		＜合計＞	
(年度)	学級数	児童数	学級数	生徒数	学級数	児童生徒数
2007	26,297	78,856	11,644	34,521	37,941	113,377
2008	27,674	86,331	12,330	37,835	40,004	124,166
2009	29,053	93,486	13,014	41,678	42,067	135,166
2010	30,367	101,019	13,643	44,412	44,010	145,431
2011	31,507	107,569	14,300	47,658	45,807	155,255
2012	32,773	113,961	14,870	50,467	47,643	164,428
2013	34,133	120,906	15,610	53,975	49,743	174,881
2014	35,570	129,080	16,482	58,082	52,052	187,100
2015	37,324	139,526	17,262	61,967	54,586	201,493
2016	39,986	152,580	17,842	65,259	57,228	217,839
2017	41,864	167,269	18,326	68,218	60,190	235,487

パワポ4　特別支援学級の児童生徒数及び学級数の推移
（文部科学省「特別支援教育資料」各年度版より作成）

1-2 特別支援教育の現在〜児童・生徒の爆発的な増加〜 ─────

　パワポ3に示すように，特別支援教育の対象児童・生徒は100万人（同年齢の10%強）を超え，10人に1人は，特別支援教育の対象です。

　パワポ4に示すように，特別支援学級の児童生徒数は10年前の2倍以上となっています。学級数も1.6倍の増加率で，近年は毎年1万5千人以上の増えかたです。

　特別支援学校の全児童生徒数は，下の表に示すように，10年間に131.2%増えています。そのうち，高等部生徒は142.4%増えています。1990年代になって，希望者全入以降，全児童生徒に占める高等部生徒の割合は飛躍的に増えてきています。高等部では，知的障害児が占める割合は高く（2017年度93%），この10年間に150.8%に増えています。

特別支援学校の児童・生徒数及び高等部の生徒数・知的障害生徒数の推移

	2007	2009	2011	2013	2015	2017
全児童・生徒数	108,173	117,035	126,123	132,570	137,894	141,944
高等部生徒数	48,235	53,093	59,696	63,793	66,462	68,702
高等部知的障害生徒数	42,298	47,288	53,914	58,253	61,240	63,796

1-3 特別支援教育の広がり〜インクルーシブ教育へ〜 ─────

　特別支援教育制度化から今日に至るまでに，特別支援教育は驚くべき量的拡大を見せています。児童生徒の障害の種類に新たに発達障害が加わり，主に通常学級を教育の場として広がったこと，また，従来からの小中学校の特別支援学級も大幅に増え，知的障害特別支援学校高等部も大きく増加しています。

　また，障害児だけでなく，外国籍・不登校・いじめ・被虐待・貧困を原因とする子どもたちが含まれるようになってきています。これらの子どもたちは個別に特別な支援を必要としています。

　このような子どもたちが通常学級に増えるなかで，一般の子どもたちにとってもわかりやすい授業のユニバーサルデザイン化が追求され，特別支援教育の広がりは，インクルーシブ教育として，教育全体の改革を促しています。

● 2014年の「障害者権利条約」の批准や，2016年の「障害者差別解消法」の施行等を踏まえ，文部科学省内に「特別支援総合プロジェクト特命チーム」を設置。平成29（2017）年度から生涯学習政策局に「障害者学習支援推進室」を新設。

● 「特別支援教育の生涯学習化に向けて」を発出。地方公共団体等への協力依頼の通知を発出。

● 学校卒業後における障害者の学びの推進に関する有識者会議の設置

● 「障害者の生涯学習の推進方策について（通知）」

● 「共に学び，生きる共生社会コンファレンス」事業（2019 年度）

パワポ5　特別支援教育の生涯学習化について

●学校卒業後の障害者が社会で自立して生きるために必要となる力を生涯にわたり維持・開発・伸長するため，
（ア）学校から社会への移行期
（イ）生涯の各ライフステージ
における効果的な学習に係る具体的な学習プログラム（※1）や実施体制（※2），地域の生涯学習，教育，スポーツ，文化，福祉，労働等の関係機関・団体等との連携の在り方に関する研究を実施（14 箇所）

　　※1：学習プログラムの例
　　　○学校卒業直後の者に対する，主体的に判断し行動する力などの
　　　　社会で自立して生きるための基盤となる力を育むプログラム
　　　○生涯の各ライフステージにおいて必要となる，社会生活を自立して
　　　　送る上で必要となる知識やスキルの習得のためのプログラム
　　※2：実施体制の例
　　　○障害者青年学級等の取組を行う公民館等の施設
　　　○オープンカレッジや公開講座等を行う大学
　　　○同窓会組織等が卒業生対象の取組を行う特別支援学校
　　　○学習支援に取り組む企業，社会福祉法人，ＮＰＯ法人，実行委員会・コンソーシアム等

●上記においては，特別支援教育や障害者福祉等の専門的知見を有するコーディネーター・指導者の配置やボランティアの活用方策に関する研究も実施

パワポ6　学校卒業後における障害者の学びの支援に関する実践研究事業について
（文部科学省, 2018）

1-4 特別支援教育の生涯学習化 ――――――――――

（1）特別支援教育の取り組み

2017年4月7日付の文部科学大臣メッセージのポイントを以下に示します。

・障害のある方々が，夢や希望を持って活躍できるような社会を目指していく必要。その中でも，保護者は，特別支援学校卒業後の学びや交流の場がなくなることに大きな不安を持っていること。

・今後は，障害のある方々が生涯を通じて教育，文化，スポーツなどのさまざまな機会に親しむことができるよう，教育施策とスポーツ施策，福祉施策と労働施策等を連動させながら支援していくことが重要。これを「特別支援教育の生涯学習化」と表現すること。

・各地方公共団体においても，関係部局の連携の下，国と共に取り組んでいただきたいこと。

（2）学校卒業後の学び支援

学校卒業後における障害者の学びの推進に関する有識者会議が設置され，「障害者の生涯学習の推進方策について―誰もが，障害の有無にかかわらず共に学び，生きる共生社会を目指して―（報告）」（2019年3月）が出されました。

報告書は，特に重視すべき視点として，①本人の主体的な学びの重視，②学校教育から卒業後における学びへの接続の円滑化，③福祉，労働，医療等の分野の取組と学びの連携の強化，④障害に関する社会全体の理解の向上，を挙げています。これは，障害者の生涯学習のあり方について，近年の実践的状況を踏まえた新たな概念の提起であり画期的なものといえます。

2019年7月8日付の文部科学省総合教育政策局長からの「障害者の生涯学習の推進方策について（通知）」が出され，当面の強化策（2019-2022）を示しています。

2019年度文部科学省は「共に学び，生きる共生社会コンファレンス」事業を全国6カ所（北海道ブロック，東北ブロック，関東・甲信越ブロック，東海・北陸ブロック，関西・中国ブロック，四国・九州・沖縄ブロック）で開催し，その後も継続される予定です。

コラム1　インクルーシブ教育（inclusive education）

　インクルーシブ教育は1994年のユネスコの「サラマンカ宣言」で提唱され，2006年国連総会で採択された「障害者権利条約」においてインクルーシブ教育システムと合理的配慮の提供が謳われました。そこでは，人間の多様性の尊重等の強化，障害者が精神的および身体的な能力等を可能な最大限まで発達させ，自由な社会に効果的に参加することを可能とするという目的のもとに，障害のある者とない者が共に学ぶ仕組みであり，障害のある者が高等教育も含め一般教育システムから排除されることなく教育の機会が与えられ，個人に必要な「合理的配慮」が提供される必要があると述べています。

　わが国の特別支援教育は，この国際的な考え方が背景にあります。また，2012年に中央教育審議会初等中等教育分科会が取りまとめた「報告書」では，インクルーシブ教育の構築を目指すことが明記されています。

　第二次世界大戦後，国際的に，障害者の人権保障社会システムの構築を理念とする概念として「ノーマライゼーション」,「インテグレーション」などが唱えられてきました。「インクルーシブ」はそれらを発展させたものです。教育においては，共に学び共に育ちあう教育を意味しています。

コラム2　合理的配慮（reasonable accommodation）

　「障害者権利条約」第2条で「合理的配慮」とは，「障害者が他の者との平等を基礎として全ての人権及び基本的自由を享有し，または行使することを確保するための必要かつ適当な変更及び調整であって，特定の場合において必要とされるものであり，かつ，均衡を失した又は過度の負担を課さないものをいう。」と定義しています。第24条は「教育についての障害者の権利を認め，この権利を差別なしに，かつ，機会の均等を基礎として実現するため，障害者を包容する教育制度（inclusive education system）等を確保する」ために，「個人に必要とされる合理的配慮が提供される」と言っています。

　文部科学省は「合理的配慮」の提供として以下の3点をあげています。

(1)　障害児等に対する教育を小・中学校等で行う場合には，ア. 教員，支援員等の確保，イ. 施設・設備の整備，ウ. 個別の教育支援計画や個別の指導計画に対応した柔軟な教育課程の編成や教材等の配慮が考えられる。

(2)　障害児等に対する教育を小・中学校等で行う場合の「合理的配慮」は，特別支援学校等で行われているものを参考とする。

(3)　「合理的配慮」について条約にいう，「均衡を失した又は過度の負担を課さないもの」についての考慮事項としてどのようなものが考えられるか（例えば，児童生徒一人一人の障害　の状態及び教育的ニーズ，学校の状況，地域の状況，体制面，財政面等）。

第2章 特別なニーズをもつ子どもの理解

　かつての特殊教育制度は障害児を対象とした教育でしたが，新たな特別支援教育制度では，従来の障害種別に新たに発達障害が加わり障害の範囲が広がるとともに，さらに障害以外に特別支援を必要とする不登校，外国にルーツのある子，被虐待児なども対象になりました。これらの「特別なニーズをもつ子ども」についての理解が求められています。

1878 京都盲亜院 (盲・ろう教育) 開設

1932 東京市立光明学校 (肢体不自由教育児教育) 開設

1940 大阪市立思斉学校 (知的障害児教育) 開設

1944 東京市立九段中学校養護学級 (肢体不自由児対象) 設置

1950 門司市立白野江養護学校 (公立初の病弱児教育) 開設

1956 大阪府立・愛知県立養護学校 (公立初の肢体不自由教育) 開設

1957 東京都立青鳥養護学校 (公立初の知的障害教育) 開設

<u>1979 養護学校の義務制実施</u>

パワポ7 知的障害児教育の歴史

知的障害の定義
- 発達期 （おおむね18歳未満） に遅れが生じること
- 遅れが明らか （IQ70以下） であること
- 遅れにより日常生活への適応に困難があること

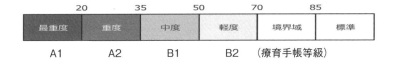

パワポ8 知的障害の定義
（独立行政法人 国立重度知的障害者総合施設 のぞみ園資料より）

2-1 知的障害

(1) 知的障害教育の歴史

　日本では明治時代中期に義務教育の基盤ができ始めました。しかし，障害の
ある児童生徒が義務教育を受けるための環境は整備されませんでした。障害の
重い子どもは義務教育を受けられず放置され，視覚・聴覚・肢体不自由の子ど
もたちの教育よりも遅れ，義務教育が保障されるようになったのは 1979 年度
からでした。その後，現在のように障害別の特別支援学級や通級による指導な
ど教育環境が整ってきました。その歴史的な流れをパワポ 7 に示します。

(2) 知的障害とは

a. 知的障害の用語について

　教育現場では「ちえ遅れ」という用語も長年使われていました。法律用語と
して長く用いられた「精神薄弱」は，精神が弱くて薄いという人格を否定する
ような印象を与えるため，1999 年に「知的障害」と改められました。法律用
語ではありませんが，「知的障害」を「知的障がい」と「害」を「がい」と明
記する都道府県もみられます。

b. 知的障害の出現と原因

　医学の進歩により，知的障害の原因解明はかなり進み，原因の約 8 割は出生
前にあります。内的原因は，出生前の胎児期の風疹や梅毒，水銀中毒，周産期
のトラブル，遺伝子や染色体異常のダウン症候群も含まれます。外的原因は，
母体の代謝異常，胎児期の感染症，薬物の影響などです。出生後の原因は，乳
幼児期の脳炎や高熱による後遺症，頭部の外傷，中枢神経の感染症などです。

c. 知的障害の定義

　知的障害の定義は法律では存在しませんが，多くの機関が示している共通点
は，次の 3 つの基準があてはまる場合です（パワポ 8）。

①障害が発達期に起こっていること

　　発達期（18 歳まで）に発症していること。成人になって頭部損傷や高齢期の
　　認知症で知能や適応能力が低くなっても，知的障害とは判断されません。

②知的な能力の発達に明らかな遅れがあること

　　具体的には，知能検査での IQ の値が 70 以下であること。IQ が低いとい
　　うだけでは知的障害とは判断できません。

・言葉の発達が遅れています
・物事の理解に時間がかかることがあります
・生活習慣を身につけるのに時間がかかります
・はじめてのことや物事の変化に対応できません
・一度に記憶できる量が少ないようです
・集中していられる時間が短くて長続きしません
・自分で判断して行動に移すことが苦手です
・決められた順番が待てません
・動作がぎこちなくスムーズに動けません
・手先が不器用で細かい作業が上手にできません
・思ったことを思ったとおり言葉にしてしまいます
・自分でやる前に人に頼ってしまうことがあります

パワポ9　知的障害の子どもの特徴

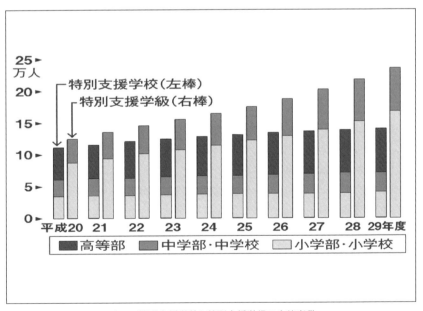

パワポ10　特別支援学校と特別支援学級の在籍者数
（文部科学省の特別支援教育資料から作成）

③適応行動に，明らかな難しさがみられること

社会生活に関わる適応能力が同年齢の子どもに比べて明らかに低いこと。具体的には，意思伝達，家庭生活，社会的技能，対人技能，自律性，学習能力，地域社会資源の利用，安全などのうち，二つ以上に困難があること。

> ※知的障害の程度は，パワポ8のように知能指数(IQ)で分けられ，福祉制度のサービスが受けられる療育手帳(都道府県により名称が異なる)に等級が表示されています。

d. 知的障害の子どもの特徴

知的障害の表れ方は子どもによって違いますが，主な特徴はパワポ9のとおりです。

（3）学校における支援の基本

子ども人口が減るなかで，パワポ10のように特別支援学級で教育を受ける児童生徒が増加しています。知的障害のある子どもは，その障害の程度によって，①小・中学校の通常の学級，②小・中学校の特別支援学級(知的障害)，③特別支援学校(知的障害)で学びます(パワポ11)。学ぶ場の選択は，本人・保護者の願いを聞いたうえで市町村の教育委員会が決めます。特別支援学級では特別の教育課程が編成でき，特別支援学校の教育課程を参考にすることができます。また，特別支援学校の教育課程は，特別支援学校学習指導要領を基本に各特別支援学校が教育課程を編成しています。学ぶ場が違っても，知的障害の子どもへの支援の基礎は以下のとおりです。

a. 学校で安心して過ごせるような配慮をしましょう

障害の正しい知識を持ち，子どもの特徴，何ができて，どんなことが苦手かなどを理解し必要な支援をしましょう。

b. ゆったりとした気持ちで接しましょう

困ったことがあっても自分から助けてほしいと言えないのが知的障害です。手助けが必要かどうか状況を判断して，子どもの気持ちになってみましょう。言葉だけでなく身振りや手振り，絵，写真などを使ってわかりやすく物事を説明することや，選択肢を挙げて答えを選べるように質問をしましょう。

c. 物事のルールは根気強く教えましょう

強い言葉で叱るのではなく，どうすればよいかをわかるように具体的に説明したほうが，理解の度合いが高くなります。

＜知的障害児の教育の場＞

① 小・中・高等学校の通常学級

② 小・中学校の（知的障害）特別支援学級

③ （知的障害）特別支援学校

（幼稚部・小学部・中学部・高等部）

④ フリースクール（小・中・高）

パワポ11　知的障害者の教育の場

・学校が安心して過ごせるような配慮をしましょう
・ゆったりとした気持ちで接しましょう
・物事のルールは根気よく教えましょう
・上手にできたときは，たくさんほめましょう
・わかりやすく話しましょう
・学校生活に音楽を取り入れましょう

＜つけたい力＞
①自己を信頼すること
②他者を信頼すること
③今持っている力を集団の中で発揮すること

パワポ12　学校における支援の基本

d. 上手にできたときはたくさんほめましょう

子どもはほめてあげると，とてもいい気持ちになり，やる気もでます。得意なことや好きなことをさせてほめると能力も伸びていくでしょう。喜びを感じると自発的に行動でき，できたことをほめられると自信がつき，苦手なことにも挑戦してみようという気持ちになります。

e. わかりやすく話しましょう

話すときは，正面から顔を合わせ，おだやかに声をかけたり，理由をきちんとわかりやすく話すことがポイントです。答えが出てこないときは，YES か NO で答えられるようにしましょう。

f. 学校生活に音楽を取り入れましょう

音や歌でみんなにタイミングを合わせようとすることで自然にコミュニケーション能力が育ちます。不安定な気持ちを発散させ，多動や攻撃性のある子どもが落ち着くこともあります。「最後までできた」「楽しい」という気持ちから，満足感を得る効果が期待できます(パワポ 12)。

(4) クラス担任として

どの子どもたちにもつけたい力は，次の三点，① 自己を信頼すること(自尊感情・自己肯定感)，② 他者を信頼すること，③ 今持っている力を集団の中で発揮すること，です。しかし，知的障害のある子どもは，学校生活で特に「ふがいない自分」を感じがちです。

集団の中で自己肯定感を高め，できないことは友だちを信頼して支援してもらい，自分のできることは自分でやり，学級集団の中でできることを発揮する場面(出番)を用意しましょう。そのことを続けるうちに「まんざらでもない自分」を感じるようになります。

交流学級での授業では，学習活動の流れや学習活動の手順を視覚的に示して見通しが持てるように配慮しましょう。実物を見せ実際にやってみせることや生活と結びついた活動を取り入れ体験させたりします。また，グループ学習やペア学習活動を取り入れて，近くで友だちの様子を見て参考にすると少しずつできるようになってきます。さらに，グループ活動に取り組むことで，コミュニケーションの方法を覚え，協力することも覚えていきます。

教員間の関係では通常学級の担任と特別支援学級の担任は交流学習のことなどで日常的に情報交換が求められます。特に交流学習における集団活動の実践にあたっては，両者の連携が不可欠です。

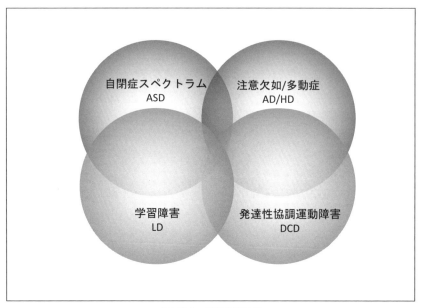

パワポ13　発達障害とは

	LD 児のつまずき・困難の一例
話す	・まとまりのない話し方になる，・話す速さや最後まで話をすることの困難，・単語の羅列だったり，思いつくままに話す
聞く	・聞き間違える，・聞き漏らす，・集団場面で聞き取れない，・復唱することの困難
読む	・句読点や文節を区切って読むことの困難，・勝手に読み替える，・一文字づつ読み，文章として読むことの困難，・促音や濁音の読みの困難
書く	・文字全体の構成の困難，・鏡文字や，促音を書くことの困難，・筆順どおりに書かない，あるいは，独特の筆順で書く，・漢字の細かい部分を書き間違える，黒板の板書の困難，
計算・推論	・2桁以上の数の読み，表記の困難，学年相応の計算のつまずき，単位や量などの理解や表記の困難，・図形の理解や描図の困難，・やり方を考えたり，計画して行動，遂行することの困難，時間を配分して行動する，見直したり，修正することの困難

パワポ14　LDの基本症状とつまずき・困難

2-2　発達障害(LD，AD/HD，ASD，DCD) ──────────────

(1) 発達障害とは

　一般的に，医学や学術領域では，発達障害に知的障害も含めて考えられています。しかし，日本の法律では，知的障害は福祉法の体系に位置づけられ，発達障害という概念は知的障害とは別のものとして扱われてきました。一方，学校教育の分野では，1970年代後半から，明確な障害が認められないにも関わらず，教育指導をしていく上で困難な子どもたちの問題がさまざまな形でクローズアップされてきました。これらの中には，当時アメリカの教育界で話題になっていた「学習障害」の症状を示す子どもたちが含まれていました。

　このような背景を経て，2005年に施行された発達障害者支援法で，発達障害は「知的な遅れを伴わない，学習障害(LD)や注意欠如・多動症(AD/HD)，高機能自閉症，アスペルガー障害(現在は自閉症スペクトラム；ASD)」として位置づけられました(パワポ13)。さらに，発達性協調運動障害(DCD)なども近接する障害として併存したり，重なり合っていることが多く，発達期におけるこれらの障害像は，生活や環境との関係で変わることも少なくありません。就学前期〜学齢期，青年成人期など，ライフサイクルに合わせた配慮や支援を考えていくことが大切になります。

(2) LD (Learning Disabilities，学習障害)

　わが国におけるLDには，教育的定義と医学的定義があります。教育的定義(文科省，1999)は，「学習障害とは基本的には全般的な知的発達の遅れはないが，聞く，話す，読む，書く，計算する又は推論する能力のうち特定のものの習得と使用に著しい困難を示す様々な状態」となっています。DSM-5の定義では「限局性学習障害」という名称で，「読み障害」，「書き表現の障害」，「算数障害」の3つに分類されています。他方，LDの一つである読み書き障害(ディスレクシア)は，LDの80〜90％を占めると言われています(窪島，2019)。読み書き障害は，①知的な遅れや視聴覚に問題がない，②適切な教育を受けている状況にあるにもかかわらず，③文字の読み書きの習得が極端に低く，学業不振に陥っている状態を言います。IDA(2002)は，ディスレクシアを，神経学的な原因による特異的なLDであり，「単語の認識の正確さと流暢さの一方または両方の困難，単語の綴りと再符号化(文字の音読)の能力が低い」と定義しています。パワポ14にLD児の例を示します。

中核症状	具体的な症状
不注意	注意の持続困難‥話しかけられても聴いていないように みえる，よく物をなくす，忘れ物が多い，順序立てて課 題ができない，易刺激性 注意の問題‥必要な対象へ注意を切り替えることが困難， 見ながら聞くなど注意を必要に応じて配分することの困 難，しばしば過集中する
多動性―衝動性	多動性‥落ち着きがない，じっとすることが苦手，しゃ べりすぎる，順番が待てない，相手が話し終わる前話し てしまう，周囲に構わず行動する

パワポ15　AD/HDの症状（稲垣，2014）

〈実行機能システムの破綻〉

◆抑制機能の障害
(衝動性・注意持続の障害)

◆意図したことを柔軟かつ計画的 に考えて，行動に移すことがで きない
(注意欠如・注意散漫)

〈報酬系のシステム障害〉

◆報酬の遅延に耐えられずに衝動 的に代わりの報酬を選択する
(衝動性)

◆報酬を得るまで，注意を他のも のにそらす，気を紛らわす
(多動・不注意)

パワポ16　AD/HDの病理（二重経路モデル）（稲垣，2014）

（3）AD/HD（Attention Deficit/Hyperactivity Disorder，注意欠如・多動症）

a. 定義と基本症状

DSM-5 による AD/HD の診断基準は，「不注意かつ／または多動・衝動性が見られる神経発達障害」と定義され，全児童の 5％程度に見られる発達障害です。不注意は，年齢あるいは発達段階に不相応な程度で見られ，作業に取り組み続けることができない，物をよくなくすなどの症状です。多動・衝動性は，過剰な行動，落ち着きのなさ，他人の行動に干渉する，待つことができない，などの行動特徴を言います（パワポ 15）。

b. AD/HD の病理

パワポ 16 に，AD/HD の病理モデル（稲垣，2014）を示します。まず，何から行動したらいいかわからず，順序立てた行動が取れず，すぐに取りかかれない状態になります。情報を保持しながら他の作業を遂行できず，注意散漫になり，前のことを忘れてしまう。そして，そのことから感情を抑えられずイライラ感が生じ，思ったことがすぐ言葉に出る，などの実行機能システムが破綻します。報酬系の低下により，満足感，達成感の強化が十分にできないため，待つことを最小限にするための衝動的な行動，注意を他の物にそらし気を紛らわせるなどの代償行動として，多動性や不注意が現れると考えられています。

c. AD/HD の二次障害

パワポ 15 の症状は，注意しても改善されないことも多く，しばしば大人（教師も含め）や周囲から，注意や叱責，非難が繰り返されることになります。また，反抗挑戦性障害（ODD）を合併している場合は，繰り返し注意や叱責されたり，指摘されることへ反抗的な行動を増長させ，他者への攻撃性を強めたり，暴力行為や窃盗行為，犯罪行為などの反社会的行為などの外在化障害へ「発展」することもしばしば見られます。他方で，これらの「指導」によって，他者からの評価に過敏になり，回避や攻撃など対人関係の問題を生み，さらに進むと，抑うつ気分や意欲・気力の減退，自己否定などの内在化障害に「発展」する可能性も否めません。また，ここまでの二次障害ではない場合でも，自尊感情の低下や周囲からの目に不安を強め，不登校になることも想像されます。例えば，教師が注意をすることで，AD/HD 児の行動がクラス児童に可視化され，いじめの対象になることもしばしば見られます。学級集団を視野に入れ，心理社会的支援，教育的支援，医療的支援など，多元的で包括的な支援が求められます。

以下のА，В，С，Ｄを満たすこと
　А：社会的コミュニケーションおよび相互関係における持続的障害（以下の３点）
　　1．社会的，情緒的な相互関係の障害
　　2．他者と交流に用いられる言葉を介さないコミュニケーションの障害
　　3．（年齢相当の対人）関係性の発達・維持の障害
　В：限定された反復する様式の行動，興味，活動（以下の２点以上で示される）
　　1．常同的で反復的な運動動作や物体の使用，あるいは話し方
　　2．同一性へのこだわり，日常動作への融通のきかない執着，言語・非言語上の儀式的な行動パターン
　　3．集中度や焦点付けが異常に強く限定，固定された興味
　　4．感覚入力に対する敏感性あるいは鈍感性，あるいは感覚に関する環境に対する普通以上の関心
　С：症状は発達早期の段階で必ず出現するが，後になって明らかになるものもある
　Ｄ：症状は社会や職業その他の重要な機能に重大な障害を引き起こしている

パワポ17　ASDの診断基準（DSM-5, 2013）

聴覚	突然不意に鳴る音への恐怖／無関心
視覚	目の前を不意に人が横切る，物体が現れることへの恐怖・不安
触覚	後方から突然触られる，服の肌触りへの不快
味覚	濃い，薄いなど極端な味つけを好む
嗅覚	微かな匂いが気になり，繰り返し嗅がずにはいられない
身体感覚	気圧や温度変化による身体不調，自身の疲れ具合がわからない

パワポ18　ASD児者の感覚の敏感性・鈍麻性

（4）ASD（Autism Spectrum Disorder，自閉症スペクトラム）

a. 自閉症スペクトラムとは

ASD は，パワポ 17 の A〜D の項目によって診断されます。症状としては，A と B の二つです。さらに，これらを社会的コミュニケーションと限定・反復された行動をそれぞれレベル 1 からレベル 3 の 3 段階の重症度区分でとらえ，サポートの程度を明確にしようとしています。これらは，ASD の障害がスペクトラム状態にあることをあらわしています。スペクトラムとは連続してある状態を言いますが，自閉症の症状は，重症の人から軽症の人までが連続している状態にあり，境界線を引かずに連続して自閉症状があることを示しています。また，知的障害についても同様に考えるならば，発達の連続体という考え方もできます。

b. 常同行動・こだわりをどう理解するか

ASD 児者の知覚の特徴の一つに「全体性統合の弱さ」が指摘されています（Frith，2009）。さらに，ASD 児者は，局所処理（細部の情報処理）が優位であり，「似ているものをまとまりとする（類同）」ことに弱さをもっているという指摘もあります（田中・神尾，2007）。微妙な変化や違いを見分け，ちょっとした違いや変化も弁別します。そのことが，狭い範囲の，細かい部分に注意を向け，細部までもが完全一致してはじめて同一と判断するので，全体を把握することを難しくします（弱い全体性統合）。つまり，私たちには「同一」と思われる知覚も，ASD 児者は「弁別力が高い」ため，微妙な違いを見分けてしまい，毎回異なった知覚をしていると推察されます。そのように考えると，ASD 児者の「強迫的行動」や「常同行動」は，弁別力の高さがもたらす行動と理解することができます。

c. 感覚の問題がもたらす困難と支援

パワポ 18 は，ASD 児者に見られる感覚の問題の一例をあらわしたものです。例えば，教室のさまざまな音や匂い，隣りの教室の音など，学校には多くの刺激があふれています。そのような環境に不快になり，落ち着きがなくなり，次第に不快状態に耐えられず，教室から出ていくなどは，その状態を回避する行動と考えることもできます。

一律の環境になじめないことをどのように考えるのか，自分の感覚だけで判断するのではなく，ASD 児者の感覚の特異性を個別に理解し，安心できる環境づくりなどの合理的配慮を丁寧に考えていくことが支援では求められます。

A. 学習や練習の機会があるのにもかかわらず，スプーンや箸やはさみを使ったり，自転車に乗ったり，手で字を書いたり，物を捕らえたり，スポーツに参加することなどの協調運動の技能を獲得し，遂行することが，暦年齢から期待されるレベルよりも著しく劣る。

　　協調運動の困難さは，物を落としたり，物にぶつかったりする不器用さとして，あるいは，遂行した運動技能の緩慢さや不正確さとして現れる。

B. 診断基準Aにおける運動技能の欠如のせいで，暦年齢に相応の日常生活活動，すなわち，日常的に自分の身の周りの世話をすることが深刻かつ持続的に妨げられており，学業または学校活動の成果，就労前後の労働活動，遊びや余暇活動にも深刻かつ持続的な悪影響を与えている。

C. 発症は，早期発達段階である。

D. 運動技能の欠如は，知的能力障害（知的発達症）や視力障害によってうまく説明できず，脳性麻痺や，筋ジストロフィーや，変性疾患などの運動神経疾患に起因しない。

パワポ19　DCDの診断基準（宮原，2014）

➤「練習すれば」「ちゃんとやらないから」「繰り返し練習すれば」は反復練習を繰り返す指導になる

➤保護者もそのように考え，家庭でも練習が繰り返されることで，「できないのは自分ががんばっていないから」「もっとがんばらないと」と自分を責める
　➤自己評価を低め，意欲，動機づけが低下する

➤できないことが周囲に可視化され，そのことを指摘されたり，「からかわれ」たりする
　➤イライラ感や不安，心配などの情動状態が生起しやすくなる

パワポ20　支援において留意したいこと

（5）DCD（Developmental Coordination Disorder，発達性協調運動障害）

　パワポ 19 に DCD の診断基準を示します（宮原，2014）。「年齢で期待される協調運動が著しく劣る」点が DCD の特徴です。発達は，その年齢に獲得される行動があります。生後 6 か月頃になると，子どもは目の前のものに手を伸ばして取り，片手に持ったものを両手で持ち，さらに反対の手に持ちかえるなど，よく見られる行動があります。ここには，視覚で捉えた対象に腕を伸ばして，その対象（もの）を把握するなど，視覚と手の運動を結びつけて，協応させる操作があります。これらの一連の運動は，それぞれの運動が協調され（coordinate）成り立っています。何気ない運動でも，それをスムーズに正確にこなすには，目で空間的な位置を把握し，自分の身体と対象との距離を（脳で空間の距離を）測ったり，目と手足を連動して動かしたり，体のバランスを取って，力の入れ具合を調節したり，動くタイミングをはかったりといった，さまざまなレベルの情報を統合し，運動に結びつける必要があります。この「協調」がうまく働かない，という状態が DCD です。幼児期になると，服を着たり，食事をしたり，積み木を積んだり，ブロックを合わせてつなげたり，あるいは，ボールを投げる，ボールを追いかける，蹴るなどの遊びから，服のボタンの止め外し，リュックのチャックの開け締めなど，生活の中には協調運動がうまくいかないと困ることが多くあります。

　ところで，この協調運動がうまくいかない子どもたちの中には，注意欠如・多動性障害（AD/HD）を併せもつ子どもがいます。協調運動の拙劣性は，「不器用」さや衝動性や多動性もつながることもあります。細かい動きの調整ができないため力いっぱい投げたり，近くの距離でもそっと投げることができないなど，その一例です。字を書いたり，字を消しゴムで消すといった操作も丁寧に見ていると，腕，肘，手首，指をバランスよく（リズミカルに），協調させてできる行動なのです。

　もし，周囲の子らが「フツウにできている」行動が，不器用さや協調運動の困難さから，自分だけ「できない」状態を繰り返しているとしたら，どのような気持ちになるでしょう。「ちゃんとやらないから，努力の問題，がんばってやればできる」というような理解では「できない自分」「ちゃんとできない自分」という自己評価を下げることが繰り返され，意欲や動機づけも下がることになるでしょう。正しい理解とその子にあった作業療法士などによる専門的な指導が求められます（パワポ 20）。

パワポ21　視覚障害者に接する際に気をつけること（ホーム転落をなくす会資料より）

　　毎年，政府が国会に提出する年次報告書である本「障害者白書」については，平成28年版障害者白書（平成27年度の障害者施策の概況）より，視覚障害者や普通の印刷物を読むことが困難な人々のためのデジタル録音図書の国際標準規格として，近年用いられている情報システムである「マルチメディアデイジー（※）」版（https://www8.cao.go.jp/shougai/whitepaper/h29hakusho/zenbun/index-w.html）を作成し，内閣府のホームページにおいて公表している。

　　※：マルチメディアデイジー図書は，音声にテキストおよび画像をシンクロ（同期）させることができるため，使用者は音声を聞きながらハイライトされたテキストを読み，同じ画面上で絵を見る等，一人一人のニーズに合った「読み」のスタイルを可能にするもの（デジタル録音図書）。視覚障害者のほか，学習障害，知的障害，精神障害等のある人にとっても，今後も有効なツールとなっていくものと考えられる。

〈マルチメディアデイジーの特徴〉・目次から読みたい章や節，任意のページに移ることが可能。・最新の情報圧縮技術で一枚のCDに50時間以上の収録が可能。・音声にテキスト，画像をシンクロ（同期）させることが可能。・再生ソフトの機能により，個々のニーズに合った読み方が可能

　　https://www8.cao.go.jp/shougai/whitepaper/h30hakusho/zenbun/h1_02_01_04.html

パワポ22　障害者白書のマルチメディアデイジー化（内閣府HPより）

2-3　視覚障害，聴覚障害，肢体不自由，重複障害，病弱・身体虚弱

(1) 視覚障害

　視覚障害特別支援学校(盲学校)を訪ねると，廊下には何も障害物が置かれず，すっきりしていることに気づきます。これは視覚障害児にとって安全に歩行することがいかに難しいかを象徴しています。自立活動においても歩行指導(Orientation and Mobility Training)は，自分の位置を確認しながら安全に移動するための，切実な教育課題となっています。

　白状(はくじょう)を携えて道路を行く人を見かけたら，「何かお手伝いしましょうか」と気軽に声をかけましょう。特に，混雑した場所，駅のホーム，交差点では危険度が高まります。視覚障害の人を安全に誘導する方法を「手引き」と言いますが，その方法を身につけておくことも大事です。

　盲の人にとって点字学習も重要です。点字の「読み」と「書き」の指導は自立活動と国語科との関連で進められ，教科学習の基礎となるだけでなく，円滑な意思疎通を通じて自立と社会参加を志向することにつながります。

　通常の学級には，弱視(ロービジョン)の子どももいます。弱視は視力が弱いというだけでなく，視野，色覚，光覚(暗順応，明順応)，コントラスト感覚，屈折，眼球運動，両眼視などのうち，一つか複数が機能しないことを意味します。このことから「あいさつをしたのに，知らん顔で行ってしまった」「にらんでいるように見える」と誤解されることがあり，周囲の理解が求められます。また，日光をまぶしく感じ，戸外でのスポーツが困難だったり，教科書やプリントも見えなかったりすることがあります。拡大教科書を用意するなど，情報保障が重要です。

　視覚障害をもたらす眼疾患には，糖尿病網膜症，白内障，緑内障，網膜色素変性，未熟児網膜症，白子症などがありますが，理由が不明の場合も少なくありません。

　パワポ21は，ホーム転落をなくす呼びかけチラシです。誰でもできる支援ですので，参考にしてください。また，障害者白書がマルチメディアデイジーで公開され，視覚障害をはじめ，多様な人に活用可能となっていることをパワポ22に紹介します。

(2) 聴覚障害

　聴覚特別支援学校(聾学校)のほとんどに幼稚部が設置されています。これは

人工内耳に関する説明①　日本耳鼻咽喉科学会
　人工内耳は，現在世界で最も普及している人工臓器の１つで，聴覚障害があり補聴器での装用効果が不十分である方に対する唯一の聴覚獲得法です。人工内耳は，その有効性に個人差があり，また手術直後から完全に聞こえるわけではありません。人工内耳を通して初めて聞く音は，個人により様々な表現がなされていますが，本来は機械的に合成された音です。しっかりリハビリテーションを行うことで，多くの場合徐々に言葉が聞き取れるようになってきます。このため，術後のリハビリテーションが大切です。また，リハビリテーションには，本人の継続的な積極性と家族の支援が必要です。
　　http://www.jibika.or.jp/citizens/hochouki/naiji.html

人工内耳に関する説明②　全日本ろうあ連盟
　人工内耳では，従来の補聴器では対応出来ないような高度難聴の場合でもことばの音をきき取るチャンスができる。しかし，そのためには，
　①高い確率で危険を回避できる安全な手術手技
　②適切なマッピングを提供出来る専門家
　③個々の必要性に応じたきこえとことばの継続的な（リ）ハビリテーションプログラムと情報保障の仕組みも含めた環境調整などが必要であり，その上でもまだ残る課題があることを理解すべきである。
　　https://www.jfd.or.jp/info/2016/20161201-ci-kenkai.pdf

パワポ23　人工内耳に関して

鳥取県手話言語条例（抄）　平成 25 年 10 月 11 日　全国初の施行
（１）　目的
　この条例は，手話が言語であるとの認識に基づき，手話の普及に関し基本理念を定め，県，市町村，県民及び事業者の責務及び役割を明らかにするとともに，手話の普及のための施策の総合的かつ計画的な推進に必要な基本的事項を定め，もってろう者とろう者以外の者が共生することのできる地域社会を実現することを目的とする。
（２）　手話の意義
　手話は，独自の言語体系を有する文化的所産であって，ろう者が知的で心豊かな社会生活を営むために大切に受け継いできたものであることを理解しなければならない。
（３）　基本理念
　手話の普及は，ろう者とろう者以外の者が相互の違いを理解し，その個性と人格を互いに尊重することを基本として行われなければならない。
　　https://www.pref.tottori.lg.jp/222957.htm

パワポ24　鳥取県手話言語条例（抄）（鳥取県HPより）

聴覚障害児にとって，障害の早期発見と速やかな相談支援が必要であることを示しています。新生児聴覚スクリーニング検査が普及してきたことと相まって，早期からの学校教育と医療・福祉との連携の期待が高まっています。

　特別支援学校だけでなく，小学校では難聴学級，通級指導教室もあり，通常の学級で学ぶ聴覚障害児も少なくありません。義務教育終了段階では，特別支援学校高等部で職業資格取得をめざしたり，高等学校進学を志向したりする例も多くあります。

　1880年，イタリアのミラノで開かれた聾教育国際会議で口話法が優秀とされ，学校教育で手話が禁止されました。口話法とは，聴覚障害者に対して音声言語で言語を教え，コミュニケーションをとらせる方法ですが，聴覚障害当事者の「手話を言語に」という長年の運動が実り，2010年，世界ろう教育国際会議は「すべての言語とコミュニケーション方法を受け入れる」と宣言し，手話が言語として公的に承認されることになりました。学校教育や社会生活に手話が広く認知されるまでに100年以上かかったことを記憶する必要があります。

　近年，聴覚獲得手術として，人工内耳に注目が集まっています（パワポ23）。補聴器での装用効果がほとんど認められない，聴覚障害2-3級の人が対象となります。「最も成功した人工臓器」とよばれるほど，その効果にはめざましいものがありますが，装用後すぐに健聴者のように聞こえるわけではなく，術後のリハビリテーションも必要で，個人差も大きいことから，関係者にはさまざまな評価があります。

　聴覚障害の原因としては，聴覚の組織形成不全，妊娠中のウイルス感染（特に風疹）などがあるほか，突発性疾患，薬の副作用，頭部外傷，騒音などがあります。伝音性難聴（外耳，中耳の難聴）は補聴器などで改善される場合がありますが，感音性難聴（内耳，聴神経の難聴）は補聴器による効果は多くを期待できず，人工内耳や手話言語獲得などの検討が求められます。

　障害者権利条約では手話を言語として認めていますが，国内法では未整備です。その中で，手話言語条例などを定める地方自治体が増えています。先進を切った鳥取県についてパワポ24に紹介します。

（3）肢体不自由

　肢体不自由の原因はさまざまですが，四肢や体幹に障害があり，長く続くことが予想される障害です。特別支援学校で多いのは脳性麻痺ですが，筋ジスト

・医療的ケア児の実態は多様であり，いわゆる重症心身障害児に該当する者のみならず，歩いたり活発に動き回ったりすることが可能な児童生徒等も存在する。医療的ケアの種類・頻度のみに着目した画一的な対応ではなく，医療的ケアの状態等や，一人一人の教育的ニーズに応じた指導を行うことが必要である。

区分	特別支援学校で医療的ケアが必要な児童生徒数（H29年度）				
	幼稚部	小学部	中学部	高等部 （専攻科除く）	合計
通学生	41 (36)	3,011 (2,089)	1,532 (973)	1,477 (1,029)	6,061 (4,127)
訪問教育	0 (0)	1,059 (860)	550 (372)	548 (542)	2,157 (1,774)
合計	41 (36)	4,070 (2,949)	2,082 (1,345)	2,025 (1,571)	8,218 (5,901)

小・中学校等で医療的ケア必要な児童生徒数（H29年度）		
通常の学級	特別支援学級	合計
271	587	858

（　）内は平成18年度

・人工呼吸器の管理が必要な児童生徒の約2/3が訪問教育を受けている。一方，モデル事業実施自治体を中心に，訪問教育から通学へと移行した事例，人工呼吸器を装着しながら小・中学校で指導を受ける事例も存在する。

パワポ25　特別支援教育で医療的ケアが必要な児童生徒数（平成29年度）
　　　　　（学校における医療的ケアの実施に関する検討会最終まとめ，平成31年2月28日）

（1）関係者の役割分担
・学校における医療的ケアの実施は，教育面・安全面で，大きな意義を持つ。
・教育委員会や学校だけでなく，主治医や保護者など，医療的ケアに関わる者それぞれが責任を果たし，学校における医療的ケアの実施に当たることが必要。
（2）医療関係者との関係
・地域の医師会や看護団体等の協力を得て，小児医療や在宅医療などの専門的知見を活用することが必要。指示書に責任を持つ主治医との連携も不可欠。
・教育委員会は，医療的ケアや在宅医療に知見のある医師を学校医としたり，医療的ケア指導医を委嘱したりすることが重要。
（3）保護者との関係
・保護者から，健康状態や医療的ケアの頻度，緊急時の対応などについて説明を受けた上で，学校で対応できる範囲について，共通理解を図ることが必要。
・体調不良時に無理な登校を控えたり，緊急時の連絡手段を確保するなど保護者にも一定の役割。
・保護者の付添いについて，本人の自立を促す観点からも，真に必要と考えられる場合に限るよう努めるべき。

パワポ26　学校における医療的ケアに関する基本的な考え方

ロフィーなどの筋原性疾患，二分脊椎などの脊椎脊髄疾患も見られます。肢体不自由では，その原疾患が何であれ，医療的評価を踏まえた実態把握と健康状態・運動機能の維持・発展の視点が不可欠となります。

　運動障害は視知覚，認知面での困難を示すことも多いので，教科学習に臨む場合には個別の配慮が必要です。補装具や投薬などについて理解を進めることも大切です。運動・動作の補助的手段を活用したり，歩行器，車いす，食事用補助具を使用したりすることで生活における自由度が広がります。

　脳性麻痺においては，麻痺の部位，程度において個々に違いがあります。また，知的障害をはじめ，呼吸器，消化器などの内臓疾患，てんかんを併せ有するなど，合併症も多様です。思春期・青年期にさしかかると身体の変形・拘縮，摂食障害，呼吸障害など，二次障害を招くことも多く，医療との深い連携が求められます。痛みや変形につながる運動パターンにならないよう，本人の自由度を広げるリハビリテーションが大切です。医療的ニーズの高い児童生徒ですが，授業の中で文化・科学に接し，新たな自分を発見することで生活の主体者となるという点では，教育の普遍的価値が認められます。1970年代には「脳性麻痺は治る」と喧伝され訓練至上主義が広がりましたが，学校教育がいたずらに他情報に惑わされることは避けたいものです。

（4）重複障害

　学校教育における重複障害は，「複数の障害を併せ有する児童生徒」（特別支援学校学習指導要領）を意味しており，狭義には，学校教育法施行令第22の3で規定する障害の種類と程度（視覚障害，聴覚障害，知的障害，肢体不自由，病弱，身体虚弱）の重複を指していますが，実際の運用では，言語障害，自閉症，情緒障害なども含めます。したがって，重複障害と言っても，視覚障害と知的障害，聴覚障害と肢体不自由など，その様態は多様です。障害の実態が重度化していることもあり，重度重複障害と呼称されることもあります。

　重複障害の代表的な例が重症心身障害（Severe Motor and Intellectual Disabilities）です。この概念は主に医療分野で用いられてきたものですが，運動障害と知的障害ともに重度であることを指し，教育においてもよく用いられます。呼吸障害，摂食障害を合併することが多く，胃ろうなどの経管栄養，吸引，人工呼吸器装用など，医療的ニーズも高く，学校教育において医療的ケアの体制を整えることが必要です。

　2017年度文部科学省調査で医療的ケアの必要な児童生徒は，小・中学校等

　小児がん拠点病院の指定により，市町村や都道府県を越えて小児がん拠点病院に入院する病気療養児の増加に伴い，転学及び区域外就学に係る手続の増加や短期間での頻繁な入退院の増加が予想されることなどを踏まえ，以下について適切に対応すること。

(1) 都道府県教育委員会，指定都市教育委員会，都道府県県知事，構造改革特別区域法第12条第1項の認定を受けた各地方公共団体の長及び各国立大学法人学長（以下「教育委員会等」という。）は，病気療養児の転学及び区域外就学に係る手続について，病気療養児の教育についての通知で提示されているとおり，可能な限りその簡素化を図るとともに，それらの手続きが滞ることがないよう，域内の市町村教育委員会及び所轄の学校等に対して，必要な助言又は援助を行うこと。

(2) 教育委員会等は，病気療養児の教育についての通知で提示されている取組に加え，入院中の病気療養児の交流及び共同学習についても，その充実を図るとともに，域内の市町村教育委員会及び所轄の学校等に対して，必要な助言又は援助を行うこと。

(3) 教育委員会等は，後期中等教育を受ける病気療養児について，入退院に伴う編入学・転入学等の手続が円滑に行われるよう，事前に修得単位の取扱い，指導内容・方法及び所要の事務手続等について関係機関の間で共有を図り，適切に対応すること。

(4) 病弱者を対象とする特別支援学校は，幼稚園・小学校・中学校・高等学校又は中等教育学校の要請に応じて，病気療養児への指導に係る助言又は援助に努めること。

パワポ27　小児がん拠点病院の指定に伴う対応
（文部科学省初等中等教育局特別支援教育課，平成25年3月4日）

　感染症への対策などの治療上必要な対応や継続的な通院を要するため，病院を退院後も学校への通学が困難な病気療養児に対し，以下について適切に対応すること。

(1) 通学が困難な病気療養児の在籍校及びその設置者は，当該病気療養児の病状や教育的ニーズを踏まえた指導が可能となるよう，病弱者を対象とする特別支援学校，小・中学校の病弱・身体虚弱特別支援学級，通級による指導などにより，当該病気療養児のための教育環境の整備を図ること。

(2) 通学が困難な病気療養児の在籍校及びその設置者は，当該病気療養児に対する指導に当たり，訪問教育やICT等を活用した指導の実施などにより，効果的な指導方法の工夫を行うこと。

(3) 通学が困難な病気療養児の在籍校及びその設置者は，退院後にあっても当該病気療養児への教育への継続が図られるよう，保護者，医療機関，近隣の特別支援学校等との十分な連携体制を確保すること。

(4) 教育委員会等は，域内の市町村教育委員会及び所轄の学校等が行う上記（1）～（3）の取組に対し，必要な助言又は援助を行うこと

パワポ28　病院を退院後も通学が困難な病気療養児への対応
（文部科学省初等中等教育局特別支援教育課，平成25年3月4日）

で，通常学級 271 名，特別支援学級 587 名，計 858 名，特別支援学校で，幼稚部 41 名，小学部 4,070 名，中学部 2,082 名，高等部 2,025 名，計 8,218 名あり，増加傾向にあります。学校における医療的ケアの実施に関する検討会議「最終まとめ」では「学校における医療的ケアの実施は，教育面・安全面で大きな意義を持つ」とされ，「保護者の付き添いについては，本人の自立を促す観点からも，真に必要と考えられる場合に限るよう努めるべき」としています。学校教育の観点から医療的ケアにどう応えるかが問われています。

（5）病弱・身体虚弱

広く，病気の子どもたちを対象とする教育カテゴリーですが，学校教育法上，病弱者は，疾患名がわかっており，治療が継続している慢性疾患の者を言い，身体虚弱者は，なんらかの健康上の理由で通常の学校生活を送ることが困難な者を意味しています。病弱の特別支援学校の他，特別支援学級，通級指導教室もあります。また，病院内の分校，分教室，院内学級もあります。特別支援学校から医療機関に教員を派遣する訪問教育もあります。

病弱教育においては，治療の継続を中心にしながらも，学習保障も大切です。入院期間が短縮化される現代医療にあって，早期復学は望ましいことではありますが，「勉強について行けるだろうか」という子どもの不安は大きく，学習への焦りとつながります。地元校との密接な連携が必要です。また，1990 年代から不登校，学校不適応が増え続けており，家庭での養育困難と相まって，病弱特別支援学校に就学する例が多くあります。背景に発達障害や軽度知的障害が認められるケースもあり，積極的に受け止めるべき現代的課題となっています。

病弱・身体虚弱の子どもたちが一番多く就学している先は通常の学級です。専門機関と連携しながら，慢性疾患児，虚弱児の医療的ニーズに応え，人格的な育ちを保障する教育が求められています。

病弱・身体虚弱教育は歴史の進展とともに，その教育対象も大きく変化してきました。戦前戦中，結核への予防教育として出発し，戦後は「治療優先」の考えとたたかいながら，教育が治療効果にも肯定的影響を与えることが広く認められ，現代に至っています。小児がん治療が進むいっぽう，改めて学校教育の価値が認められてきており，さらに進歩が期待される教育分野と言えます。

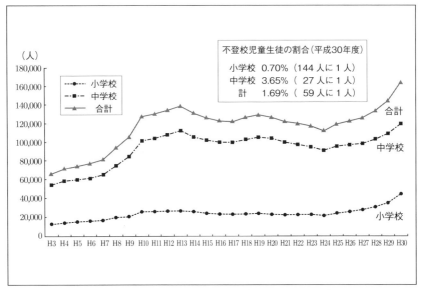

パワポ29　不登校児童生徒数の推移（文部科学省，2019）

学校，家庭に係る要因（区分） / 本人に係る要因（分類）	分類別児童生徒数	学校に係る状況								家庭に係る状況	左記に該当なし
		いじめ	いじめを除く人間関係をめぐる問題	教職員との関係をめぐる問題	学業の不振	進路に係る不安	クラブ活動等への不適応、部活動	学校のきまり等をめぐる問題	入学、転編入学、進級時の不適応		
「学校における人間関係」に課題を抱えている	27,315	690	19,848	2,304	2,816	546	1,037	528	1,417	4,153	715
	—	2.5%	72.7%	8.4%	10.3%	2.0%	3.8%	1.9%	5.2%	15.2%	2.6%
	17.2%	74.1%	44.8%	47.0%	8.2%	8.4%	32.9%	10.4%	13.4%	6.8%	3.4%
「あそび・非行」の傾向がある	5,126	4	490	182	1,392	149	56	1,350	125	2,765	399
	—	0.1%	9.6%	3.6%	27.2%	2.9%	1.1%	26.3%	2.4%	53.9%	7.8%
	3.2%	0.4%	1.1%	3.7%	4.1%	2.3%	1.8%	26.5%	1.2%	4.6%	1.9%
「無気力」の傾向がある	46,869	55	5,291	635	15,087	1,870	761	1,478	2,638	22,063	6,015
	—	0.1%	11.3%	1.4%	32.2%	4.0%	1.6%	3.2%	5.6%	47.1%	12.8%
	29.5%	5.9%	11.9%	13.0%	44.0%	28.7%	24.1%	29.0%	24.9%	36.4%	28.5%
「不安」の傾向がある	52,723	140	16,378	1,391	12,155	3,391	1,069	1,218	5,054	16,780	6,847
	—	0.3%	31.1%	2.6%	23.1%	6.4%	2.0%	2.3%	9.6%	31.8%	13.0%
	33.2%	15.0%	37.0%	28.4%	35.4%	52.0%	33.9%	23.9%	47.6%	27.7%	32.5%
「その他」	26,817	42	2,285	387	2,867	562	232	524	1,374	14,916	7,099
	—	0.2%	8.5%	1.4%	10.7%	2.1%	0.9%	2.0%	5.1%	55.8%	26.5%
	16.9%	4.5%	5.2%	7.9%	8.4%	8.6%	7.4%	10.3%	13.0%	24.6%	33.7%
計	158,850	931	44,292	4,899	34,317	6,518	3,155	5,098	10,608	60,677	21,075
	100.0%	0.6%	27.9%	3.1%	21.6%	4.1%	2.0%	3.2%	6.7%	38.2%	13.3%

（注1）「本人に係る要因（分類）」については，「長期欠席者の状況」で「不登校」と回答した児童生徒全員につき，主たる要因一つを選択。
（注2）「学校，家庭に係る要因（区分）」については，複数回答可。「本人に係る要因（分類）」で回答した要因の理由として考えられるものを「学校に係る状況」「家庭に係る状況」より全て選択。
（注3）「家庭に係る状況」とは，家庭の生活環境の急激な変化，親子関係をめぐる問題，家庭内の不和等が該当する。
（注4）中段は，各区分における分類別児童生徒数に対する割合。下段は，各区分における「学校，家庭に係る要因（区分）」の「計」に対する割合。

パワポ30　児童生徒の問題行動・不登校等生徒指導調査（文部科学省，2019）

2-4　不登校，外国にルーツのある子，被虐待児など ──────────

（1）不登校

a. 不登校とは

　パワポ 29 のグラフは平成 3 年（1991 年）以降全国の不登校数の推移を示して
います。横ばいの時代を経て，現在は増加傾向にあります。文部科学省では平
成 14 年（2002 年）に「不登校問題に関する調査研究協力者会」を立ち上げ，15
年（2003 年）3 月に報告がとりまとめられています。その報告によると，不登校
児童生徒とは「何らかの心理的，情緒的，身体的あるいは社会的要因・背景に
より，登校しないあるいはしたくともできない状況にあるために年間 30 日以
上欠席した者のうち，病気や経済的な理由による者を除いたもの」と定義して
います。以前は「登校拒否」とよばれてきましたが，登校したくてもできない
子どもがいることから不登校とよばれるようになりました。

　平成 9 年（1997 年）度までは年間 50 日以上の欠席者を把握し，平成 10 年
（1998 年）度から年間 30 日以上欠席する児童生徒を調査し，年間 30 日以上の
欠席者を不登校としています。グラフを見ると平成 10 年（1998 年）度に急増し
ているのはそのためです。

　不登校の要因として文部科学省が行う「H30 児童生徒の問題行動・不登校
等生徒指導情の諸課題に関する調査結果について」によると，「いじめ」「いじ
めをのぞく友人関係をめぐる問題」「教職員との関係をめぐる問題」「学業不
振」などがあげられています。特に個人にかかる要因との関係を見ると，「学
校における人間関係」に課題を抱えている個人は「いじめを除く友人関係をめ
ぐる問題」が不登校の原因となっているケースが顕著です。「遊び・非行」の
傾向や「無気力」の傾向がある児童生徒は「家庭にかかる状況」に，不安の傾
向がある個人は家庭，人間関係の他に「学業の不振」を要因としているケース
が続きます。

　近年増えているのが，友だちとのほんの些細な行き違いや，SNS に書かれ
た内容の誤解によって絶望感が強まり，教室に入れず別室対応や保健室登校，
さらには不登校に発展していくことです。長期化すれば，引きこもり状態に
なってしまうこともあります。

　これらの背景には，不登校児童生徒の中に学習障害（LD），注意欠如／多動
性障害（AD/HD）等も考えられます。児童生徒の中には周囲との人間関係がう
まく構築されない，学習のつまずきが克服できないといった状況や相手の気持

パワポ31　別室登校生のための教室例

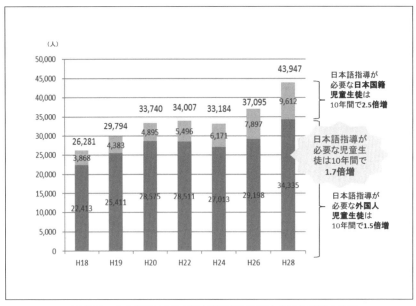

パワポ32　公立学校における日本語指導が必要な児童生徒数の推移
（文部科学省，2017）

ちが理解できない，理解しにくいといった想像力の欠如がみられ，不登校にいたる事例は少なくありません。

　学校ではスクールカウンセラーとの面談を本人や保護者に勧めること，担任の家庭訪問などで学校との関係を続けること，行政が設置する適応指導教室への通室を促すことを行ったり，民間のフリースクールと連携を取ったりします。症状によっては医療機関と連携を取ることもあります。

b.　別室登校，保健室登校

　完全に学校を休んでしまう不登校とは様子を異にするものとして，別室登校があります。学校によっては保健室登校という形をとっています。いじめや友人関係のトラブルだったり，時には嫌な先生の授業，嫌な教科であったりすることが原因となって通常の教室には入れず，別室で過ごしています。学校や自治体によりますが，別室に加配教員が配置され，別室指導の運営に当たることがあります。配置されていない学校では，授業の空いた教員が別室の指導を担当したり，時には当番を決めて校時の中に組み込まれたりします。

　別室対応を受ける児童生徒は対人関係の築きにくさを少なからず持っていますから，別室対応を受ける児童生徒が増えると，別室内でトラブルを起こし，不登校になってしまうこともあります。パワポ31の写真のように個別で学習するスペースを設けて学習し，時には担当教員とともに他の児童生徒とSST（ソーシャル・スキル・トレーニング）を行います。

　不登校であった児童生徒が学校復帰をめざして，別室登校を行うこともあります。

（2）外国にルーツのある児童生徒

　パワポ32は文部科学省初等中等教育局国際教育課が『外国人児童生徒等教育の現状と課題』の中で示されたものです。グラフの説明でわかるように，日本語指導が必要な児童生徒は外国人だけではなく，日本国籍の児童生徒もいます。以前は「外国籍児童生徒」とよばれていましたが，近年「外国にルーツのある児童生徒」とよぶようになった所以です。

　外国にルーツがある児童生徒は，第二次世界大戦前後朝鮮半島から来た在日韓国・朝鮮人（オールドカマー），1980年代以降に日本に渡り長期滞在する外国人（ニューカマー）と大きく2つの集団に分けられます。ここでは，日本語指導を必要とする児童生徒のことについて考えるため，ニューカマーを対象とします。

パワポ33　DLAの例（文部科学省初等中等教育局国際教育課）

身体的虐待：
　　殴る，蹴る，投げ落とす，激しく揺さぶる，やけどを負わせる，溺れさせる，首を絞める，
　　縄などにより一室に拘束する，など
性的虐待：
　　子どもへの性的行為，性的行為を見せる，性器を触る又は触らせる，ポルノグラフィの
　　被写体にする，など
ネグレクト：
　　家に閉じ込める，食事を与えない，ひどく不潔にする，自動車の中に放置する，重い病
　　気になっても病院に連れて行かない，など
心理的虐待：
　　言葉による脅し，無視，きょうだい間での差別的扱い，子どもの目の前で家族に対して
　　暴力をふるう，など

	身体的虐待	ネグレクト	性的虐待	心理的虐待	総　　数
平成26年度	26,181(29.4%)	22,455(25.2%)	1,520(1.7%)	38,775(43.6%)	88,931(100.0%)
平成27年度	28,621(27.7%)	24,444(23.7%)	1,521(1.5%)	48,700(47.2%)	103,286(100.0%)
平成28年度	31,925(26.0%)	25,842(21.1%)	1,622(1.3%)	63,186(51.5%)	122,575(100.0%)
平成29年度 （速報値）	33,223(24.8%) (+1,298)	26,818(20.0%) (+976)	1,540(1.2%) (−82)	72,197(54.0%) (+9,011)	133,778(100.0%) (+11,203)

パワポ34　虐待の種類と通告件数（厚生労働省, 2018）

　1980 年代から 90 年代にかけて出入国管理法および難民認定法の改正によって多くの外国人が日本にやってきました。特に南アメリカ大陸に渡った日系ブラジル人が家族で日本に移住しました。日本は『児童の権利に関する条約』の批准国ですから，すべての子どもに教育について適切な措置をとらなければなりません。子どもたちは日本の学校に就学し，日本語指導の必要な多くの児童生徒が学校に在籍するようになりました。

　当初は試行錯誤をしながら在籍する教員が日本語指導を行っていましたが，都道府県教委や地教委が支援員を派遣したり配置したりするようになりました。日本での生活ができるようになるための生活言語は比較的早く獲得し使えるようになりますが，教室での授業で使用される学習言語は難しく，習得には時間とかなりのエネルギーを要します。

　平成 26 年(2015 年)度から，当該児童生徒の日本語を理解し，使用する能力に応じた特別の指導を「日本語の能力に応じた特別の指導」として正式な教育課程として編成することが認められました。

　また，日本語能力を適切に診断するために，「対話型アセスメント(略称 DLA：Dialogic Language Assessment)」が開発されました(パワポ 33)。「会話の流暢度」「弁別的言語能力」「学習言語能力」を言語の 4 領域(読む，聞く，話す，書く)から測定します。限られた日本語能力の中で，最大の認知活動につながるよう子どもの日本語能力を把握し，指導することが大切です。

　外国人受け入れ拡大のため 2019 年 4 月改正出入国管理法が施行されました。技能実習生制度も新たになって，今後東南アジアからの児童生徒増加が予想されます。外国語としての日本語指導をはじめ，より豊かな日本語指導や支援が必要になってきます。

(3) 被虐待児

　厚生労働省は児童虐待についてパワポ 34 に示すように，身体的虐待，性的虐待，ネグレクト，心理的虐待の 4 種類に分類し，説明しています。通告件数を見ると心理的虐待が最も多く，身体的虐待が続きます。近年マスコミで児童虐待に関して繰り返し報道されていて社会的にも関心を高めています。

　児童相談所によせられる相談件数はパワポ 35 のグラフのように増加の一途をたどっています。相談件数ですから，この数字すべてが虐待というわけではありませんが，近年社会的な関心の高さや，「疑わしきは通告」が浸透してきた現れでしょう。

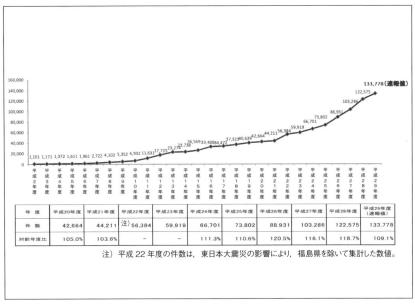

年度	平成20年度	平成21年度	平成22年度	平成23年度	平成24年度	平成25年度	平成26年度	平成27年度	平成28年度	平成29年度（速報値）
件 数	42,664	44,211	注）56,384	59,919	66,701	73,802	88,931	103,286	122,575	133,778
対前年度比	105.0%	103.6%	－	－	111.3%	110.6%	120.5%	116.1%	118.7%	109.1%

注）平成22年度の件数は，東日本大震災の影響により，福島県を除いて集計した数値。

パワポ35　児童相談所での児童虐待相談対応件数とその推移（厚生労働省, 2018）

学校生活の流れの中で

- **入学式・始業式** → 式への参加や提出物の提出の状況
- **家庭訪問** → 家庭内の様子・子どもへの関心の程度
- **水泳指導** → 着替えへの抵抗・身体の傷の確認
- **長期の休み前** → 長期の休みへの抵抗
- **長期の休み明け** → 体重の変化
- **秋以降** → 学級集団からの孤立、季節変化への不自然な対応
- **学年を通じて** → 担任との関係

パワポ36　児童虐待防止と学校（文部科学省児童生徒指導課, 2006）

　虐待がはっきりしてくると要保護児童対策協議会を立ち上げ，定期的にケース会議を開き子どもや家庭の状態について情報を共有し，子どもを見守ります。また児童相談所は家庭への指導を行います。

　深刻なケースになると，児童相談所の一時保護や施設入所という措置がとられ保護者から引き離します。児童心理治療施設は，不登校の出現や，戦後第2次の非行のピークの中で，情緒発達のための環境整備とメンタルケアを目的として，1961年に法制化された児童福祉施設ですが，現在は被虐待児童のメンタルケアを中心に取り組まれています。

　『情緒障害児短期治療施設運営ハンドブック』には，「発達障害児の入所がふえていますが，発達障害そのものを治すのではなく，発達障害や被虐待体験などを背景とする不適応症状など，二次障害と呼ばれるものの治療・支援が主となります」と書かれています。被虐待児は発達障害からくる育てにくさに起因することが少なからずあります。こだわりの強い子や人間関係を築くことの苦手な子どもにイライラを募らせ虐待へと進んでいくのです。

　施設には医師，ケアワーカー，セラピスト，看護師等の職員で構成され，心理的なケアを丁寧に行います。またグループホームや里親制度で支援を受けながら社会復帰をめざす子どもたちもいます。

　子どもを預かる学校では，パワポ36にあるよう子どもを注意深く観察することが大切です。虐待を受けている子どもは虐待を隠そうとすることが多々あります。親をかばうような発言もします。多くの事件を教訓に，子どもの命を考えての行動が学校にも求められます。

コラム3　校内委員会(school committee for specialneeds)

　障がい児など発達・学習・生活に困難を抱え，特別な教育的支援を必要とする子どもに対し，幼稚園や小・中・高等学校等において組織的に対応するために校(園)内に設置される委員会のことで，特別支援教育を推進する基礎組織です。

　特別支援教育コーディネーターが中心になって運営を行いますが，主な役割は，(1)特別な教育的支援を必要とする幼児児童生徒の実態把握，(2)支援内容(合理的配慮も含む)や支援方法の検討，(3)個別の教育支援計画や個別の指導計画の策定，(4)教職員への情報提供(5)家庭や専門機関との連携，です。しかし，これまで校内委員会は，障がい児が主であり，他の特別な教育的ニーズのある子どもの教育問題は別の組織で検討されていました。

　2019(平成31)年度から，幼稚園から高等学校までの教員免許を取得する学生等には新たに科目「特別支援教育概論」1単位以上が必修になり，発達障害などの障がいをはじめ，新たに，不登校，貧困児，外国籍児など特別なニーズをもつ子どもについても学ばなければなりません。このようななかで，今後，校内委員会では，障がい児だけでなく，さまざまに特別支援を必要とする子どもたちを対象としなければなりません。

コラム4　特別支援教育コーディネーター(special needs education coordinator)

　文部科学省・調査研究協力者会議「今後の特別支援教育の在り方について(最終報告)[2003(平成15)3月]において初めて示されました。そこでは，「学内，または，福祉・医療等の関係機関との間の連携調整役」，「保護者に対する学校の窓口の役割を担う者」として位置づけられています。校長(園長)が特別支援教育コーディネーターを指名し，市町村ごとに特別支援教育コーディネーターの養成や研修が実施されています。現在では，幼稚園から高等学校等すべての学校に配置されています。

　これまで，特別支援教育コーディネーターは，主として校内の障がい児を対象に，校内支援体制の中核を担ってきました。しかし，先述したように教員免許法が改正され，新たに「特別支援教育概論」が必修となり，発達障害などの障害だけでなく，不登校，貧困児，外国籍児など特別な教育的ニーズをもつ子どもたちも対象とされました。今後，特別支援教育コーディネーターは，障がい児だけでなく，さまざまに特別支援を必要とする子どもたちを支援していくことになります。

　校(園)内では，通常学級・通級指導・特別支援学級の各教員の相談・支援，特別支援教育の研修，就学の相談・支援を担い，地域では特別支援教育推進の担い手として，今後，ますます多様化する特別支援教育コーディネーターの役割の充実と発展が期待されます。学校の規模や環境にもよりますが，今後，コーディネーターの複数配置や専任教員の配置が必要になることも考えられます。

第 **3** 章　多様な教育の場と
指導の実際

　特別支援教育は，特別支援学校や学級などとともに通常学校で特別な支援を必要としている子どもを対象にしています。そして，学校外で子どもたちが生活する場での指導を含んでいます。多様な教育の場の状況を踏まえて，そこで取り組まれている指導の実際を理解し，今日の特別支援教育の課題を考えてみましょう。

	学校種		学級編制基準
アメリカ (カリフォルニア州 の場合)	小学校 小学校, ミドルスクール	第1-3学年 第4-8学年	学区内平均で1学級当たり30名を上限とし, さらに学区 内に32名を超える学級がないこと 1964年度の教員1人当たり児童生徒数の州内平均 (29.9名)か同年度の当該学区の教員1人当たり児童 生徒数のうち大きい数値を上限とする
イギリス	小学校 中等学校	第1-2学年 第3-6学年	30人(上限) なし なし
フランス	幼稚園・小学校 中等学校 前期・コレージュ 後期・リセ		なし(児童数と地域事情に応じて, 国の地方事務所(県レベル)が教員 数と1学級当たり平均児童数を決定。教員当たり平均児童数は17-20) なし(生徒数と地域事情に応じて, 国の地方事務所(地域圏レベル) が教員数を決定。教員当たり平均生徒数はコレージュで21-24人)
ドイツ (ノルトライン・ ベストファーレン州 の場合)	基礎学校 中等教育 　ハウプトシューレ 　ギムナジウム	第1-4学年 第5-10学年 第5-10学年	(標準)　　(範囲) 24人　　18-30人 24人　　18-30人 28人　　26-30人
日本	小学校 中学校 高校		40人(上限) 40人(上限) 40人(標準)

パワポ37　学級規模の基準と実際(国際基準)(文部科学省HPより)

　　義務教育の通常学級は, 同じ地域から通い, 同じ年齢の子ども
たちが学ぶ学級教授組織で編成され, 子どもたちにとっては「基
礎集団」としての役割を果たす。学級は, 全校集団の「基礎集団
=elementary group」であるとともに, 日常的に交わり, 心地良い
居場所となる「第一次集団 =primary group」でもある。

　　通常学校の「特別支援学級」も, 障害のある子どもたちにとっ
ての「基礎集団」としての役割を担い, 通常学級と交流する取り
組み(交流及び共同学習)が進められている。

パワポ38　基礎集団の役割

3-1　通常学級 ———————————————————

（1）通常学級の実態と学級づくり

　日本の通常学級の規模は，かつては50人定員でしたが，昭和55年（1980年）から，今日では，40人を上限（小・中学校）・標準（高校）としています。国際的にはパワポ37で示すように，現在では，かなり少ない規模の学級になっています（文部科学省HPより，2019・10・31閲覧）。日本では少人数学級や習熟度別学級の制度など，規模を小さくして学力保障の対策がとられてきています。

　学級は，生活する集団であるとともに学習する集団でもあります。能力や発達に応じて学ぶ場を分けるのではなく，多様な子どもたちで構成されている空間を安心と信頼で結ばれた場にする取り組みは「学級づくり」とよばれてきました。通常学級は，子どもたちの生活と学びの根拠地である「基礎集団」の役割を持っています（パワポ38）。教師の仕事は，学級経営という任務とともに，学級が「基礎集団」になるように指導し，住みよい社会をつくる力を子どもに育てることにあるのです。子ども社会をつくる自治的な能力の形成を目指すことが学級づくりの目標です。

　2007年からの特別支援教育の制度が始まって以降，通常学級で障害児を含めた多様な特別なニーズのある子どもの対応が問われるようになりました。そこではこうした子どもたちへの「合理的配慮」を考えるとともに，多様な子どもたちを包摂するインクルーシブな社会をつくることが求められています。40人という大規模の学級において，発達や障害，環境的な要因から「困っている子」のニーズに目を配りながら，ともに暮らす社会づくりに取り組むことは容易なことではありません。

　住みよい社会とは何かをみんながともに探究する実践の課題として，今，通常学級での特別なニーズのある子を含む学級づくり＝インクルーシブ教育の推進が問われているのです。

（2）通常学級の指導＝学級づくりの方針

　学級づくりで求められるのは，教室で困った行動（不注意や友だちとのトラブルを引き起こすなど）を示す子を「困っている子」として理解する姿勢です。学級の雰囲気や「きまり」になかなか適応することができずに自己否定の生活が続くことなど，「何に困っているのだろうか」と，「困っている子」の気

①どの子も安心して自分が出せるように，子どもたちの思いや
　本音に共感し，励ます。
②自主的で自由な活動を保障する（楽しいことをたくさんする）。
③学級のルールづくりやトラブルへの対応は話し合いと納得を
　基本に進める。
④孤立しがちな子とは，まず教師がつながる。特に特別なニーズ
　のある子への攻撃には，関係をつかみながら慎重に対応するが，
　ひどいときは介入する。

パワポ39　学級づくりの方針（里中，2008）

　　クラスワイドとは，発達障害など特別なニーズのある子に対
する個別の指導とともに，クラスの友だち関係を形成する集団
指導にまで視野を広げてクラスに居場所をつくり，自立と発達
の力を育てることである。
　　一方では，ソーシャルスキル訓練（SST）を通してクラスの子
との関係を形成する指導，他方では，クラスの子どもたちが特
別なニーズのある子の世界を理解しながら，ともに住みよいク
ラスをつくる集団づくりの実践が進められている。

パワポ40　クラスワイド

持ちを丁寧に探り，寄り添うことが学級づくりの出発です。

　教室で「困っている行動」の原因はその子の自己責任ではなく，「困った子」を排除しがちな学級社会の在り方が大きく関係しています。そこで大切なのは，こうした学級社会を変えていくための指導方針を持つことです。小学校ではパワポ39のような方針を立てて指導を進めています。④の方針は，学級で嫌われ，排除されがちな子と教師が繋がることによって，学級が安心できる場であることを示そうとしたものです。子どもたちのリーダーとして教師が「排除しない」という姿勢をクラスに示そうとするからです。そして，トラブルが起きるたびに発達障害のある子の思いを教師が聴き取り，それをクラスに伝えるなど「子どもたち相互を繋ぐ指導」が学級づくりには欠かせません。

　こうした指導を支えているのは，①の方針です。「困っている子」が大切にされる学級は，どの子にとっても安心の場になるからです。学級になじんで，何も問題がないように見える子も，実は自立に向けての困難な課題を抱えているものです。通常学級での特別なニーズのある子の指導をクラスワイドな視点（パワポ40）から考える，ここに通常学級での学級づくりの意味があるのです。中学校では，「ツッパリ，不登校，いじめ・いじめられる関係を持つ，学習に強い抑圧を持つ，発達障害を持つ」など，最も課題の大きい子どもを学級づくりの柱にした実践が展開されてきました（中川，2009）。特別なニーズのある子の課題は，同世代を生きている子どもと共通の課題だという姿勢を持つことが大切です。

　特別な支援が必要な子が求めている生活や学習への要求は，クラスの多くの子どもたちが願っている生活や学習の実現に結びついているという考え方に立った実践がこれからの課題です。

　なお学級という制度は，子どもたちにとっては与えられた空間であり，生活と学習について秩序を保って進めていくことが求められる場です。それだけにクラスワイドな学級づくりを進めるための指導方針を常に意識し，粘り強い指導を展開することが課題なのです。

（3）出会いと学びのある学級づくり

　クラスワイドな学級づくりは，多様なニーズのある子どもたちが出会い，学びを展開することを課題にしています。自分から見れば異質な友だちと出会い，自己や他者の世界を学ぶこと，そこに学級づくりのねらいがあるのです。そのねらいを達成するためには，パワポ39で紹介した指導方針の②と③のよ

　国連が1989年に採択し，日本が1994年に批准した条約。全54条で構成され，18歳未満の子どもに対して，豊かな文化を提供「供与 (provision)」すること，子どもの命や健康等を「保護 (protection)」することに加えて子どもたちを世界に主体的に「参加 (participation)」する存在としてとらえることを提起したもの。

　障害児への特別なケアの権利（第23条）も盛り込まれ，すべての子どもの「最善の利益」を保証するために大人が責任 (responsibility) を果たすことを要請している。

パワポ41　子どもの権利条約

　意見表明権－締約国は，自己の意見を形成する能力のある児童がその児童に影響を及ぼすすべての事項について自由に意見を表明する権利を確保する。ここでいう「意見」とは View のことであり，子どもの権利条約は，子どもが思いや願いを表明する権利と，それを聴き取る大人の応答責任を提起している。

　結社の自由－締約国は，結社の自由及び平和な集会の自由について児童の権利を認める。

パワポ42　子どもの権利表明権（第12条）と結社の自由（第15条）

うに，自主的で自由な活動，そして住みよい生活のためのルールづくりという視点を持って指導を進めることが必要です。

　学級活動は，学習指導要領では「特別活動」の領域です。ここでいう，「特別活動」とは，もともとは「学校的な文化」ではなく，子どもたちの自由で自主的な発想から生まれる文化を大切にしようという試みでした（「自由研究」が出発）。今，発達障害のある子どもの自由な発想から，例えば学級の中に「学級内クラブ」をつくり，そのクラブをクラスの多くの子が楽しみにする活動にしようとする実践が進められています。こうした活動を契機にして，学校に過剰に適応していた子どもが，その囚われから解き放たれて，もう一つの自己を理解することに発展するのです。そこには，排除しがちだった他者との出会いがあり，新たな自己への学びが成立しています。そして，特別なニーズのある子自身も，自己肯定感の育ちにつながる学びを実感するのです。

　「子どもの権利条約」（パワポ41）は結社の自由を謳っています。学級内クラブをはじめとした子どもたちの自由で自主的な活動は，特別支援の視点からの学級づくりに求められ，この条約を具体化しようとするものです。

　「あたりまえ」のルールを前提に生活が営まれてきた学級に適応すること，それは特別な支援を必要とする子にとっては大変な課題です。そこで取り組まれているのは，こうした子どもたちに必要な「特別なルール」を導入する試みです。ある場面では，教室から出ていくことを認めるルールなどです。この試みは，それを必要としている者だけのためではなく，クラスの子どもにとっても仲間の困難さや自立への願いを意識するためにも必要なものでもあるのです。また，仲間がどんな特別なルールを必要としているかを考える力を形成していくことに意味があるのです。そして，発達障害児などが，特別なルールを要求することは，「わがまま」ではなく，正当な願いの意見表明（子どもの権利条約の意見表明権）であることを学んでいくのです（パワポ42）。

　通常学級での特別支援教育は，自分たちが生活する社会のルールを自分たちでつくり出していく力と誇りを育てる大切な仕事に繋がっているのです。

（4）通常学級の授業づくり

　小学校・中学校などを問わず，授業という営みは子どもたちが学びに主体的に参加することを目指しています。日本の教師は，一つひとつの授業づくりを大切にし，授業研究という文化を発展させてきました。特に通常学級を単位にした一斉授業の理論と実践には多くのすぐれた取り組みがあります。

　ユニバーサルデザインとは，障害等で生活のいろいろな場面で特別な困難さのある状態を解消するための環境（デザイン）を整えることは，すべての人々にとっても生活しやすい環境をつくることにつながるという発想である。

　通常学校の授業で，学習活動に参加するのに困難さのある子どもが授業に取り組むために用いられる工夫（騒音などの無い学習環境の整備，わかりやすい説明や板書，発言や討論の仕方等の学習ルールの明確化，個人個人に応じた学習ペースへの配慮等）は，学級で学ぶ子どもたちにとっても必要な支援方法につながる。こうした学習環境等の良さを共有する学習集団を創造することが求められている。

パワポ43　ユニバーサルデザインの授業

　ある特定の人が授業を行い，それを多くの人に「見せる」という啓蒙的な意味で使われてきた「研究授業」に対して，「授業研究」は，日常の授業をみんなで「見合い」，みんなが授業を研究的な対象として認識し，実践していこうとするもの（吉本編，1987）。

　日本の授業研究には歴史的成果があるが（日本教育方法学会編，2010），それを基盤にして特別な支援を必要とする子どもの学習を保障し，共同で学びを展開する通常学級での授業成立に必要な授業理論の探究が求められている。

パワポ44　授業研究

　特別支援教育の時代以降，発達障害児など一斉授業が前提にしてきた学習のルールに従うことが困難な事例に出会うようになりました。授業に参加しやすいように，①作業の見通しなど学習の仕方を視覚で具体的に示す説明や指示，②シンプルに明瞭に話す発問など，多様な支援方法が工夫されてきました。こうした工夫は，どの子にも必要な支援につながるという意味で「ユニバーサルデザインの授業」と称されてきています(パワポ43)。そして，体育などで課題別のグループを編成して，柔軟な学習形態をとることによって学びへの参加を保障する試みもなされてきています(里中，2009)。

　こうした特別な配慮を視点にした授業づくりで大切なのは，学びに参加しやすい学習の方法を学級全体が合意し，納得し，さらにはどんな支援が必要なのかを子どもたち自身が探していく力を育てていくことです(インクルーシブ授業研究会，2015)。

　授業の目標は，子どもたちに認識や表現の力を育て，教科内容が「わかる」「できる」ことを保障することです。そして，これまで「あたりまえ」に「わかる」「できる」と思っていた学習内容を問い直し，教科の内容をわかり直していく学びの面白さを教えていくことです。それは，「リ・インクルージョン」とよばれているように(原田，2017)，教科内容をただ習得する平板な学びではなく，特別な支援の必要な子とともに学ぶ教科指導を通して，教科を学ぶ意味を問い返す学習観の形成に結びつくものなのです。

　授業づくりは，子ども一人ひとりの学びの履歴を形成する仕事です。発達にでこぼこが大きいと言われてきた特別な支援の必要な子どもが，小学校段階を経て，次第に自己の進路・生き方を考える時期を見通して，学びの目的をどう意識して授業に参加するのか，学力テスト体制の中で，「標準的な学力」を意識しながら，どう自分に必要な学びの内容を選択していくのかがこれからの授業研究の課題です(パワポ44)。

(5) 学校づくりを視野に入れて

　通常学級で特別支援教育を進め，実りある成果を生むために必要なのは学校全体で指導の方針をつくり，実践を振り返る体制をつくることです。「学級崩壊」(パワポ45)とよばれた時代がありましたが(湯浅他，2000)，そこではともすれば学級で起こる子どもの「荒れ」やトラブルへの対応を学級担任一人に任せてしまい，学級崩壊を克服できずにいる状況が続いていました。この教訓に学び，特別ニーズのある子を含む学級づくり・授業づくりを進めるために

　20 世紀の末頃に日本全国で子どもが学級の秩序に従わずに荒れた行動を示し，授業が成立しない学校が続出した状況をいう。文部省は，こうした現象を「集団教育という学校の機能が成立しない状況が，一定期間継続する状態」とした。当時の実践家は，学級崩壊について，学校や教師の権威の崩壊，子どもたちにとっての正義の崩壊・友情の崩壊と特徴つけている（三上，1999）。通常学級の担任に問題の解決を委ねるのではなく，全校の教師が協力して学級の再生に挑む体制づくりが問われた。

パワポ45　学級崩壊

　ホールスクールアプローチ（Whole School Approach）は，学校全体で特別なニーズのある子どもすべてに対応することを目的に 1980 年代にイギリスにおいて展開された取り組み。通常の学級だけでなく，特別支援学級・通級指導教室などの多様な校内のリソースを活用して，学校全体の指導の在り方を問い直す実践が求められている（窪田，2015）。

パワポ46　ホールスクールアプローチ

は，特別支援教育コーディネーターを中心にして，全校の教師が互いにヘルプを出し，どのような支援体制が必要なのかを議論する場をつくることが求められています。

　今，インクルーシブ教育の推進が盛んに主張されていますが，それは通常学級に特別なニーズのある子どもを「統合＝同化」させることではありません。特別支援学級や保健室，通級教室と連携しながら，支援を求めている子の生活と学びへの要求に応える場に開かれていく取り組みがインクルーシブ教育です。被虐待の子に対して特別支援学級・保健室の教師と通常学級の担任とが協働して居場所をつくっていった取り組み(湯浅他，2011)など，実践の成果に学びましょう。こうした学校全体での特別支援教育は，ホール・スクール・アプローチとよばれて盛んに進められています(パワポ 46)。

　不登校などの子どもに対しては，例えば放課後や学校外で自主的なサークルをつくり，そこに学級の仲間が参加して居場所をつくる実践も進められています。通常学級に戻ることだけを実践の課題にするのではなく，居場所となる空間をつくることによって，仲間との交わりが始まり，自己の自立へと踏み出すことができるのです。不登校や虐待，そしておよそ 7 人に一人が貧困の生活にあると言われる今日，学校教師は，地域の保護者とのつながりをつくる任務を持っています。もちろん，学校が特別な支援の課題をすべて引き受けるのではなく，心理職や福祉職との協働を進め，生きづらさを抱えて日々生活している子どもの事実を共有して，実践の展望を開くことが問われています。こうした多職種が協働する過程通して，教師をはじめ，子育て支援の専門家である人々が，各々の専門性を問い直し，幸福に生きる住みよい生活をつくるために必要な視点を紡いでいくことが求められています(別府・香野，2018)。

1992年　文部省・調査研究協力者会議
　　　　『通級による指導に関する充実化方策について(審議のまとめ)』
1993年　通級による指導の制度化
2005年　中央教育審議会
　　　　『特別支援教育を推進するための制度の在り方について(答申)』
　　　　→ LD,ADHDの子どもも通級による指導の対象とすることが明確化
2006年　学校教育法施行規則の一部改正
　　　　→ 対象の拡大と指導時間などの弾力化
　　　　文部科学省「通級による指導の対象とすることが適当な自閉症者,
　　　　情緒障害者, 学習障害者又は注意欠陥・多動性障害者に該当する
　　　　児童生徒について (通知)」

パワポ47　通級による指導の制度の歴史

＜1992年 (制度化) ＞
　　言語障害, 情緒障害, 弱視, 難聴, その他

＜2006年 (改正後) ＞
　　言語障害, 自閉症, 情緒障害, 弱視, 難聴, 学習障害, 注意欠陥多動性障害,
　　その他 (学校教育法施行規則第140条)

　　＊「その他」に該当する障害は, 肢体不自由, 病弱および身体虚弱
　　　　(「障害のある児童生徒の就学について」 (2002年))
　　＊ 通級による指導の対象にするか否かの判断に当たっては, 保護者の意見を聴いた
　　　　上で, 障害のある児童生徒に対する教育の経験のある教員等による観察・検査,
　　　　専門医による診断等に基づき, 教育学, 医学, 心理学等の観点から総合的かつ慎
　　　　重に行うこと。その際, 通級による指導の特質に鑑み, 個々の児童生徒について,
　　　　通常の学級での適応性, 通級による指導に要する適正な時間等を十分考慮するこ
　　　　と。

パワポ48　指導の対象

3-2　通級による指導 ─────────────────

（1）制度の歴史

　通級による指導とは，通常の学級で大部分の授業を受けながら，一部の時間で障害に応じた特別の指導を行うものです。1993（平成 5）年に制度化された比較的新しい学びの場だといえます。通級による指導は，これまで特別支援学校（盲・聾・養護学校）や特別支援学級（特殊学級）といった"特別な"場に在籍していなければ受けられなかった障害に応じた"特別な"指導を，通常の学級に在籍しながらにして受けられるという点において，画期的な制度として注目されました（パワポ 47）。通常学級において約 6.5％の子どもが学習・行動面でなんらかの困難を経験している（発達障害の可能性がある）という調査結果（文部科学省，2012）からも，通常の学級で学ぶ子どもたちへの教育的対応の充実がめざされる今日の特別支援教育の中で，通級による指導はその重要な一翼を担う学びの場となっています。

（2）指導の対象

　通級による指導の前身としては，「ことばの教室」や「きこえの教室」といった主に難聴児や言語障害児に対して特別な指導を行う教室がありました。そのため，制度が開始された当初，通級による指導の対象は言語障害をはじめ，情緒障害，弱視，難聴が中心でした（パワポ 48）。その後，特別支援教育への転換が図られる中で，2006（平成 18）年に学校教育法施行規則が一部改正され，正式に学習障害（LD），注意欠如多動性障害（AD/HD），（高機能）自閉症などの子どもが通級による指導の対象として位置づけられました（パワポ 49 参照）。なお知的障害については，障害特性上，特別支援学校もしくは特別支援学級において日々の生活に結びついた実際的で体験的な指導の積み重ねが適当と考えられていることから，通級による指導の対象とはなっていません。

（3）通級による指導を利用している児童生徒数の推移

　パワポ 50 をみると，通級による指導を受けている児童生徒数は，制度化された 1993（平成 5）年時点と比べて約 9 倍に増加しています。とくに，特別支援教育が始まった 2007（平成 19）年以降，対象が拡大されたことに伴い，右肩上がりに増加していることがわかります。2017（平成 29）年度時点では，全児童生徒の約 1.1％が通級による指導を利用しています。

言語障害	口蓋裂，構音器官のまひ等気質的又は機能的な構音障害のある者，吃音等話し言葉におけるリズムの障害のある者，話す，聞く等言語機能の基礎的事項に発達の遅れがある者，その他これに準じる者（これらの障害が主として他の障害に起因するものではない者に限る。）で，通常の学級での学習におおむね参加でき，一部特別な指導を必要とする程度のもの
自閉症者	自閉症又はそれに類するもので，通常の学級での学習におおむね参加でき，一部特別な指導を必要とする程度のもの
情緒障害者	主として心理的な要因による選択性かん黙等があるもので，通常の学級での学習におおむね参加でき，一部特別な指導を必要とする程度のもの
弱視者	拡大鏡等の使用によっても通常の文字，図形等の視覚による認識が困難な程度の者で，通常の学級での学習におおむね参加でき，一部特別な指導を必要とする程度のもの
難聴者	補聴器等の使用によっても通常の話声を解することが困難な程度の者で，通常の学級での学習におおむね参加でき，一部特別な指導を必要とする程度のもの
学習障害者（LD）	全般的な知的発達に遅れはないが，聞く，話す，読む，書く，計算する又は推論する能力のうち特定のものの習得と使用に著しい困難を示すもので，一部特別な指導を必要とする程度のもの
注意欠陥多動性障害（ADHD）	年齢または発達に不釣り合いな注意力，又は衝動性・多動性が認められ，社会的な活動や学業の機能に支障をきたすもので，一部特別な指導を必要とする程度のもの
その他	肢体不自由，病弱または身体虚弱の程度が，通常の学級での学習におおむね参加でき，一部特別な指導を必要とする程度のもの

パワポ49　指導の対象となる障害種（文部科学省，2002）

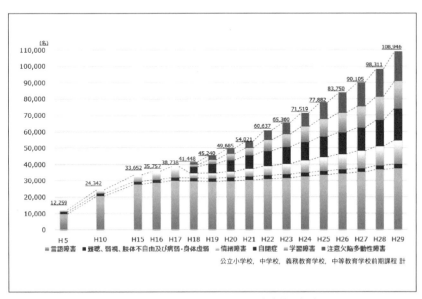

パワポ50　通級による指導を受けている児童生徒の推移
（文部科学省初等中等教育局特別支援教育課，2019）

（4）通級による指導の時間数と形態について

　学校教育法施行規則第140条により，小・中学校で通級による指導を行う場合には，文部科学大臣が別に定めるところにより，特別の教育課程によることができるとされています。「特別の教育課程による」とは，教育課程上特別の教育課程を編成すること，すなわち，障害に応じた特別の指導を小・中学校の通常の教育課程に加えて，又はその一部に替えて行うことを意味します。

　指導時間については，障害の多様化を踏まえ，2006（平成18）年より障害による学習上又は生活上の困難の改善・克服を目的とした指導（自立活動）と各教科の内容を補充するための指導を合わせて，年間35単位時間から280単位時間内で行うように授業時間数が弾力化されました。また，学習障害（LD）及び注意欠如多動性障害（AD/HD）の児童生徒については，年間授業時数の上限は他の障害種別と同じとするものの，月1単位時間程度でも指導上の効果が期待できると考えられ，年間10単位時間が下限として設定されました（パワポ51）。

　通級による指導の形態には，通常の学級に在籍しながら自校の通級指導教室に通う「自校通級」，他校に設置された通級指導教室に通う「他校通級」，教員が対象児童生徒の在籍する学校を訪問して指導を行う「巡回指導」があります。障害種別にみると，自閉症，情緒障害，学習障害（LD），注意欠如多動性障害（AD/HD）の児童生徒は自校通級が多く，言語障害，弱視，難聴の児童生徒は他校通級が多い傾向にあります。通級指導教室が設置されている学校数は限られていることから（平成29年度：小学校22.2％，中学校8.5％），どの学校に在籍していてもニーズに応じて適切に通級による指導が受けられる柔軟な体制づくりが求められています。

（5）高等学校における通級による指導

　近年，中学校で通級による指導を受けている生徒数の増加傾向が顕著にみられます。制度開始時と比べると，約40倍に増加しています（2017（平成29年）度時点）。インクルーシブ教育システムの理念を踏まえ，高等学校においても多様な教育の場を連続的に用意して障害に応じた特別の指導を行えるようにする必要性が確認される中で，2018（平成30）年度より，高等学校でも通級による指導が開始されました。教育課程については，「障害に応じた特別の指導を高等学校の教育課程に加え，又は選択教科・科目の一部に替えることができる」「障害に応じた特別の指導に係る修得単位数を，年間7単位を超えない範囲で卒業認定単位に含めることができる」とされています。

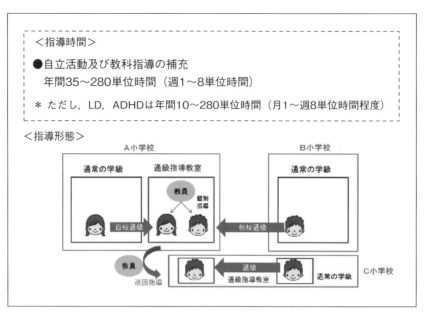

パワポ51　通級による指導の時間数と形態について
（文部科学省初等中等教育局特別支援教育課，2016）

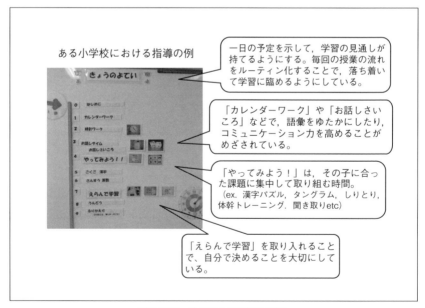

パワポ52　通級による指導の実際

（6）通級による指導の実際

　例えば，一口に「字を書く」ことが苦手な子どもといっても，その姿は「字のバランスが悪い」「細部が正しく書けない」「枠から字がはみだす」「特殊音節が正しく書けない」「漢字が覚えられない」などさまざまです。そしてその原因も，「不器用さ」「視覚認知の苦手さ」「音韻認識の弱さ」などさまざまに考えられます。通級による指導では一人ひとりの特性や予想されるつまずきの原因を探りながら，その子どもが自分に合った学習のスタイルを身につけることを支えています。また，友だちとうまく関われずに困っている子どもに対しては，ルールのある遊びなどを通して円滑に人とコミュニケーションをとるためのソーシャルスキルを育てていくことなどにも取り組まれています。

　学校生活でなんらかの困難やつまずきを経験している子どもは，成功体験が少なく，自己肯定感が低下しがちです。そのため通級による指導では，何より，子ども自身が安心して通うことができ，主体的に学習に取り組める環境整備や学習の進め方の工夫が欠かせません。通級指導教室に通うことで子どもが自信や意欲を取り戻し，前向きに学校生活を送ることができるための心の拠り所としても大きな役割を果たしているといえるでしょう（パワポ 52）。

（7）現状と課題

　2017（平成 29）年に改訂された学習指導要領総則では，通級による指導を受ける子どもについては，「個々の児童（生徒）の実態を的確に把握し，個別の教育支援計画や個別の指導計画を作成し，効果的に活用するもの」と記されました。子どもが何に困っているのかを的確にアセスメントし，計画的に指導を展開していくことが期待されています。また，通級による指導を受けている子どもは多くの時間を通常学級で過ごしているため，指導の効果を日々の生活に活かしていくためには，通級による指導と通常の学級における指導に連続性を持たせることが重要です。学習指導要領では，「障害のある児童（生徒）に対して，通級による指導を行い，特別の教育課程を編成する場合には，（中略）効果的な指導が行われるよう，各教科等と通級による指導との関連を図るなど，教師間の連携に努めるものとする」と明記されています。例えば，連絡ファイルを用意して子どもの様子や指導の方向性を共有したり，定期的に「通級だより」を発行して校内で取り組みを共有したりすることなどが考えられます。今日では，すべての教員に対して，通級による指導を受けている子どもの教育に対する責任を果たすことが求められていることを自覚することが大切です。

障害種別＼学校別	小学校		中学校		義務教育学校		合計	
	学級数	児童数	学級数	生徒数	学級数	生徒数	学級数	児童生徒数
知的障害	18,371	77,743	8,683	35,289	79	329	27,133	113,361
肢体不自由	2,244	3,418	790	1,090	6	7	3,040	4,515
病弱・身体虚弱	1,468	2,480	643	1,021	1	4	2,112	3,505
弱視	358	413	119	134	—	—	477	547
難聴	793	1,242	329	470	4	5	1,126	1,717
言語障害	539	1,570	126	165	2	6	667	1,741
自閉症・情緒障害	18,091	80,403	7,636	30,049	68	285	25,795	110,737
計	41,864	167,269	18,326	68,218	160	636	60,350	236,123

パワポ53　特別支援学級の状況（文部科学省，2017）

① 障害による学習上又は生活上の困難を克服し自立を図るため，特別支援学校小学部・中学部学習指導要領第7章に示す自立活動を取り入れること。

② 児童生徒の障害の程度や学級の実態等を考慮の上，各教科の目標や内容を下学年の教科の目標や内容に替えたり，各教科を，知的障害者である児童生徒に対する教育を行う特別支援学校の各教科に替えたりするなどして，実態に応じた教育課程を編成すること。

パワポ54　特別支援学級における特別な教育課程を編成する際の基本的な考え方

3-3 特別支援学級

（1）特別支援学級とは

特別支援学級は，障害による学習上または生活上の困難があるために，通常の学級における指導では十分な学習成果と発達を保障することが困難な子どものために，小学校・中学校等に特別に編成された学級のことです。

学校教育法第81条2項では，「小学校，中学校，高等学校及び中等教育学校には，次の各号のいずれかに該当する児童及び生徒のために，特別支援学級を置くことができる」と規定されています。対象者は，知的障害者，肢体不自由者，病弱・身体虚弱者，弱視者，難聴者，その他障害のある者で，特別支援学級において教育を行うことが適当なものとされています（パワポ53）。

学級編成については，1学級8人が上限（公立義務教育諸学校の学級編成及び教職員定数の標準に関する法律，第3条）とされており，障害種別ごとに，知的障害学級，肢体不自由学級，病弱・身体虚弱学級，弱視学級，難聴学級，言語障害学級，自閉症・情緒障害学級を設置することができます。

（2）特別支援学級における「特別な教育課程」

小学校・中学校等における特別支援学級は，学校教育法施行規則第138条によって特に必要がある場合は，「特別な教育課程によることができる」と定められています。

さらに，小・中学校の学習指導要領（平成29年告示）では，総則において特別な配慮を必要とする児童生徒への指導として，障害のある児童生徒などへの指導について明記されました。そこでは，特別支援学級における特別な教育課程を編成する際の基本的な考え方として，新たに2点挙げられています（パワポ54）。

この2点を踏まえて学習指導要領解説総則編（平成29年告示）においては，通常の学級にも，障害のある児童生徒のみならず，教育上特別の支援を必要とする児童生徒が在籍している可能性があることを前提として，

① すべての教職員が特別支援教育の目的や意義について十分に理解することが不可欠であること

② すべての教師が障害に関する知識や配慮等についての正しい理解と認識を深め，障害のある児童生徒などに対する組織的な対応ができるようにしていくこと

第7章　自立活動

　第1　目標

　　個々の児童又は生徒が自立を目指し，障害による学習上又は生活上の困難を主体的に改善・克服するために必要な知識，技能，態度及び習慣を養い，もって心身の調和的発達の基盤を培う。

　第2　内容（6区分）

　　1　健康の保持
　　2　心理的な安定
　　3　人間関係の形成
　　4　環境の把握
　　5　身体の動き
　　6　コミュニケーション

パワポ55　特別支援学校　小学部・中学部学習指導要領（文部科学省，2017）

① 個々の児童生徒の実態（障害の状態，発達や経験の程度，生育歴等）を的確に把握する。

② 実態把握に基づいて指導すべき課題を抽出し，課題相互の関連を整理する。

③ 個々の実態に即した指導目標を明確に設定する。

④ 小学部・中学部学習指導要領第7章第2の内容の中から，個々の指導目標 を達成するために必要な項目を選定する。

⑤ 選定した項目を相互に関連付けて具体的な指導内容を設定する。

パワポ56　自立活動における個別の指導計画作成のための手順の一例
（文部科学省，2017）

③　障害のある児童生徒などの指導に当たっては，担任を含むすべての教師間において，個々の児童生徒に対する配慮等の必要性を共通理解するとともに，教師間の連携に努める必要があること

上記の3点が指摘されています。

つまり，特別支援学校教諭免許状の有無や特別支援学級の担任であるかどうかにかかわらず，すべての教職員が特別支援教育に関する理解と認識を深め，教師同士がお互いの教育実践を通して共同し，学校全体として組織的に特別な配慮を必要とする子どもの指導に取り組んでいくことの必要性を提起しています。

（3）特別支援学級における自立活動

小・中学校学習指導要領（平成29年告示）では，特別支援学校小学部・中学部学習指導要領第7章に示す自立活動の内容，6区分27項目を取り入れることを規定しています（パワポ55）。しかしながら，自立活動の内容は，各教科等のようにそのすべてを取り扱うものではなく，個々の児童生徒の障害の状態等の的確な把握に基づき，障害による学習上又は生活上の困難を主体的に改善・克服するために必要な項目を選定して取り扱うものとされています。手順の一例も示されています（パワポ56）。

特別支援学校学習指導要領（平成29年告示）では，具体的な指導内容を設定する際に考慮する点として，「児童又は生徒が，興味をもって主体的に取り組み，成就感を味わうとともに自己を肯定的に捉えることができるような指導内容を取り上げること」と「個々の児童又は生徒が，発達の遅れている側面を補うために，発達の進んでいる側面を更に伸ばすような指導内容を取り上げること」が示されています。

このことは，障害のある子どもの発達の遅れている側面や障害特性から生じる課題面のみに着目した目標や活動内容を設定するのではなく，発達の進んでいる面，すなわち，長所や得意としていることを積極的に自立活動に位置づけていくことの重要性が明記されたといえます。障害のある子どもの「こだわり」や得意とすることを生かしながら頑張れる活動場面を，学習と生活の中につくりだしていくことと，その活躍の事実を学級の子どもたちに示していく指導が求められます。

さらに，「個々の児童又は生徒に対し，自己選択・自己決定する機会を設けることによって，思考・判断・表現する力を高めることができるような指導内

第5　学校運営上の留意事項

　2　家庭や地域社会との連携及び協働と学校間の連携

　　　教育課程の編成及び実施に当たっては，次の事項に配慮するものとする。

　イ　他の小（中）学校や，幼稚園，認定こども園，保育所，中（小）学校，高等学校，特別支援学校などとの間の連携や交流を図るとともに，障害のある幼児児童生徒との交流及び共同学習の機会を設け，共に尊重し合いながら協働して生活していく態度を育むようにすること。

パワポ57　交流及び共同学習　小（中）学校学習指導要領（文部科学省，2017）

第6節　学校運営上の留意事項

　2　家庭や地域社会との連携及び協働と学校間の連携

　　　教育課程の編成及び実施に当たっては，次の事項に配慮するものとする。

（2）他の特別支援学校や，幼稚園，認定こども園，保育所，小学校，中学校，高等学校などとの間の連携や交流を図るとともに，障害のない幼児児童生徒との交流及び共同学習の機会を設け，共に尊重し合いながら協働して生活していく 態度を育むようにすること。特に，小学部の児童又は中学部の生徒の経験を広げて積極的な態度を養い，社会性や豊かな人間性を育むために，学校の教育活動全体を通じて，小学校の児童又は中学校の生徒などと交流及び共同学習を計画的，組織的に行うとともに，地域の人々などと活動を共にする機会を積極的に設けること。

パワポ58　交流及び共同学習　特別支援学校　小学部・中学部学習指導要領
（文部科学省，2017）

容を取り上げること」が新設されました。

　今日の特別支援教育において，自立と社会参加を志向した教育実践をいかに構想するのかという視点は，カリキュラムをつくる上でも重要な柱となります。自立するためのソーシャルスキルを身につけることも大切ですが，それだけでは障害のある子どもにとっての豊かな人生の実現へと結びついていきません。

　自立活動を通して友だちとの交わり方を学ぶことや，自己選択・自己決定できる生活そのものをつくりだしていく指導を行うことが，生活主体としての自己認識を形成し，個々の自立を支えることにつながるでしょう。

（4）交流及び共同学習

　交流及び共同学習の意義に関わって，以下の2点が挙げられています。
① 　障害の有無にかかわらず，誰もが相互に人格と個性を尊重し合える共生社会の実現を目指すためには，障害のある人と障害のない人が互いに理解し合うことが不可欠である。
② 　障害のある子どもたちと障害のない子どもたち，あるいは，地域社会の人たちとが，ふれ合い，共に活動する機会を設けることが大切であり，障害のある子どもが幼稚園，小学校，中学校，高等学校等の子どもと共に活動することは，双方の子どもたちの社会性や豊かな人間性を育成する上で重要である。

　小・中学校学習指導要領（平成29年告示）及び特別支援学校学習指導要領においても，交流及び共同学習を推進することが示されています（パワポ57,58）。今日では特別支援学級が設置されている小・中学校の8割が交流及び共同学習を実施しています（文部科学省初等中等教育局特別支援教育課，2017）。

　通常学級の子どもたちと特別支援学級の子どもたちが，交流及び共同学習を通してお互いを理解し合い，社会性や豊かな人間性を形成していくことは実践の重要な課題です。

　しかしながら，制度として交流及び共同学習を実施してはいますが，課題も多くあります。例えば，学習や活動の場としては統合されているけれども，通常学級の子どもと特別支援学級の子どもがお互いに尊重しあい，わかり合うために必要な学習活動がないために，関わりのあり方がお世話する・お世話されるに代表されるような一方的な関わり方となってしまうことや，特別支援学級の子どもに対して差別的・排除的な関わり方になってしまうことなどが挙げら

エ　障害のある児童（生徒）などについては，家庭，地域及び医療や
　　福祉，保健，労働等の業務を行う関係機関との連携を図り，長期
　　的な視点で児童（生徒）への教育的支援を行うために，個別の教
　　育支援計画を作成し活用することに努めるとともに，各教科等の
　　指導に当たって，個々の児童（生徒）の実態を的確に把握し，個
　　別の指導計画を作成し活用することに努めるものとする。特に，
　　特別支援学級に在籍する児童（生徒）や通級による指導を受ける
　　児童（生徒）については，個々の児童（生徒）の実態を的確に把
　　握し，個別の教育支援計画や個別の指導計画を作成し，効果的に
　　活用するものとする。

パワポ59　障害のある児童（生徒）などへの指導
（文部科学省, 2017）

1）障害のある児童（生徒）などの指導に当たっては，担任を含む全て
　　の教師間において，個々の児童（生徒）に対する配慮等の必要性を
　　共通理解するとともに，教師間の連携に努める必要がある。

2）集団指導において，障害のある児童（生徒）など一人一人の特性等
　　に応じた必要な配慮等を行う際は，教師の理解の在り方や指導の姿
　　勢が，学級内の児童（生徒）に大きく影響することに十分留意し，
　　学級内において温かい人間関係づくりに努めながら，「特別な支援
　　の必要性」の理解を進め，互いの特徴を認め合い，支え合う関係を
　　築いていくことが大切である。

パワポ60　特別な配慮を必要とする児童（生徒）への指導
（文部科学省, 2017）

れます。このような状況では，交流及び共同学習の意義や役割が十分に果たせているとは言えません。

　特別支援学級には，交流及び共同学習で交流級に行きたくないと感じている子どもが少なからずいます。特別支援学級はもちろんのこと，通常学級においても自分自身の存在が通常級担任や学級の友だちから尊重されていると実感できること，お互いに分かり合う経験を丁寧に積み重ねていくことが不可欠です。

　そのためにも，校内の協力体制を構築し，効果的な活動を設定するなかで「仲間意識や連帯意識をもつこと，一方的な関係ではなく相互にかかわること，特別支援学級の児童の実態を考慮した授業研究を行う」（川合・野崎，2014）ことが重要です。

（5）特別支援学級における個別指導と集団指導

　小・中学校学習指導要領（平成29年告示）では，特別支援学級に在籍する子どもについて，個別の教育支援計画や個別の指導計画を作成し，効果的に活用することが明記されました（パワポ59）。

　今日の特別支援教育における個別指導のニーズが高まっていることをふまえると，個々の子どもの発達要求，学習要求から生じる特別な教育的ニーズに沿った個別指導を行うことはもちろん重要です。授業において，それぞれの子どものニーズにあった個別の学習課題や教材を準備することで，障害のある子どもの学習上の困難に丁寧に寄り添うための個別指導が求められます。

　一方で，障害のある子どもは，友だちとのコミュニケーションや関係づくりといった社会性に困難さがあることが少なくありません。だからこそ，特別支援学級の授業において友だちとともに活動する中で感じた個々の思いや願いを伝え合い，認め合う集団指導の視点も不可欠です。小・中学校学習指導要領解説総則編においても，集団指導のあり方について述べられています（パワポ60）。

　今日では，授業や生活場面において友だちとの交わりやつながりを意識的につくりだす指導を通して集団の教育力を高め，子どもの自立と希望をともに創造する実践のあり方も提起されています（湯浅・小室・大和久，2016）。

　特別支援学級においては，子ども理解を軸にしながら教職員が共同していくこと，保護者や地域まで含んで特別支援学級の実践を開いていくこと，子どもたちが集団で学びあったり遊んだりしながらお互いに育ち合うことを保障する教育実践を追求し，確かなものにしていくことが今後の課題となるでしょう。

区　分	障害の程度
視覚障害者	両眼の矯正視力がおおむね 0.3 未満のもの又は視力以外の視機能障害が高度のもののうち，拡大鏡等の使用によっても通常の文字，図形等の視覚による認識が不可能又は著しく困難な程度のもの
聴覚障害者	両耳の聴力レベルがおおむね 60 デシベル以上のもののうち，補聴器や人工内耳等の使用によっても通常の話声を解することが不可能又は著しく困難な程度のもの
知的障害者	1. 知的発達の遅滞があり，他人との意思疎通が困難で日常生活を営むのに頻繁に援助を必要とする程度のもの 2. 知的発達の遅滞の程度が1の程度に達しないもののうち，社会生活への適応が著しく困難なもの
肢体不自由者	1. 肢体不自由の状態が補装具の使用によっても歩行，食事，衣服の着脱，排せつ等の動作や描画等の学習活動のための基本的な動作が不可能又は困難な程度のもの 2. 肢体不自由の状態が1の程度に達しないもののうち，常時の医学的観察指導（特定の期間内に常に医学的な観察が必要で，起床から就寝までの日常生活の一つ一つの運動・動作についての指導・訓練を受けること）を必要とする程度のもの
病弱者	1. 慢性の呼吸器疾患，腎臓疾患及び神経疾患，悪性新生物その他の疾患の状態が継続して医療又は生活規制を必要とする程度のもの 2. 身体虚弱の状態が継続して生活規制を必要とする程度のもの

パワポ61　特別支援学校の対象となる障害の種類及び程度（学校教育法施行令第22条の3）

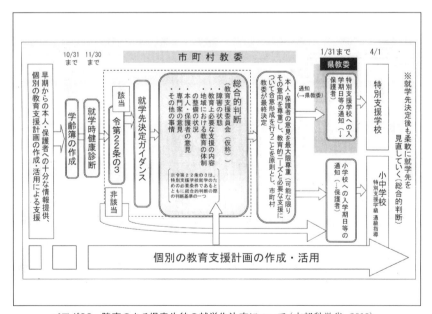

パワポ62　障害のある児童生徒の就学先決定について（文部科学省, 2019）

3-4 特別支援学校

　特殊教育から特別支援教育へと制度が変わって，盲，聾，養護学校は特別支援学校となりました。「視覚障害者，聴覚障害者，知的障害者，肢体不自由者，又は病弱者(身体虚弱を含む。以下同じ)に対して，幼稚園，小学校，中学校または高等学校に準ずる教育を施すとともに，障害による学習上，又は生活上の困難を克服し自立を図るために必要な知識技能を授けることを目的とする」(学校教育法72条)学校です。原則として小学部中学部を設置することになっていますが，幼稚部，高等部も設置が認められています。さらに高等部には専攻科や別科もあります(例えば視覚障害の特別支援学校の理療科など)。通学が困難な児童生徒のために寄宿舎が整備されている学校もあります。全国に約1000校の特別支援学校があり，近年複数の障害種を合わせて指導する学校が多くなりましたが，児童生徒数が一番多いのは知的障害の特別支援学校となっています。

(1) 特別支援学校に通う子どもたち

　特別支援学校に通う児童生徒数は年々増加しています。日本はますます少子化傾向にあり，小中高校の在籍者数は減っているにもかかわらず，特別支援学校に通う子どもたちは増えているのです。理由ははっきりしませんが，個別対応を基本とした特別支援教育の良さが認知されてきたこと，特別支援学校のキャリア教育・就労支援の充実などが評価されているからとも言われています。重度・重複化の傾向もあります。

　特別支援学校に通う児童生徒の障害程度の基準は「学校教育法施行令」第22条の3に規定されています(パワポ61)。

　障害のある児童生徒の就学先決定については，2013年に「障害者権利条約」を批准するために制度改革を行い，就学基準に該当する障害の程度を有する児童生徒が原則として特別支援学校に就学するというものではなくなりました。できるだけ早期から情報提供を行い，個別の教育支援計画を作成・活用し，本人・保護者の意見を最大限尊重(可能な限りその意向を尊重)し，合意形成を行うことを原則とし，一人ひとりに応じた就学先を市町村教育委員会が最終決定することになっています。個別の教育支援計画を作成することで幼児から青年期成人期までの切れ目のない支援を目指しています(パワポ62)。

○特別支援学校（知的障害）における教科等が示されている。

小学部の教育課程（平成29年告示学習指導要領）

各教科						特別の教科道徳	外国語活動※	特別活動	自立活動
生活	国語	算数	音楽	図画工作	体育				

※外国語活動を設けることができる

中学部の教育課程（平成29年告示学習指導要領）

各教科									特別の教科道徳	総合的な学習の時間	特別活動	自立活動
国語	社会	数学	理科	音楽	美術	保健体育	職業家庭	外国語※				

※外国語を設けることができる

高等部の教育課程（平成31年告示学習指導要領）

各学科に共通する各教科										特別の教科道徳	総合的な探究の時間	特別活動	自立活動
国語	社会	数学	理科	音楽	美術	保健体育	職業	家庭	外国語※	情報※			

主として専門学科において開設される各教科				
家政	農業	工業	流通・サービス	福祉

※外国語、情報を設けることができる

年間の総授業時数

学年	時間
小1	850
小2	910
小3	945
小4～6	980
中1～3	1015
高1～3	1050

※1単位時間は小段階で45分，中・高段階では50分となっている。
※各教科等の授業時数は適切に定める。

パワポ63　特別支援学校の教育課程（文部科学省，2019）

・日常生活の指導
　児童生徒の日常生活が充実し，高まるように日常生活の諸活動について，知的障害の状態，生活年齢，学習状況や経験等を踏まえながら計画的に指導するもの

・遊びの指導
　主に小学部段階において，遊びを学習活動の中心に据えて取り組み，身体活動を活発にし，仲間とのかかわりを促し，意欲的な活動を育み，心身の発達を促していくもの

・生活単元学習
　児童生徒が生活上の目標を達成したり，課題を解決したりするために，一連の活動を組織的・体系的に経験することによって，自立や社会参加のために必要な事柄を実際的・総合的に学習するもの

・作業学習
　作業活動を学習活動の中心にしながら，児童生徒の働く意欲 を培い，将来の職業生活や社会自立に必要な事柄を総合的に学習するもの

パワポ64　教科等を合わせた指導（文部科学省，2018）

（2）特別支援学校の教育課程

　特別支援学校の教育課程は幼児児童生徒の発達段階や障害特性を考えたものになっており，各教科，道徳（小・中学部），外国語活動，特別活動，自立活動及び総合的な学習の時間から編成されています（パワポ63）。

　子どもの実態をしっかり把握したうえで，その子自身の生活から切り離すことなく，実際の体験を重視しながら，指導計画が作られていきます（パワポ64）。

　実際に授業をする段階においては各教科等を合わせた指導も多く行われています。「特別支援学校学習指導要領解説（各教科等編）」によると，

　①　**日常生活の指導**：日常生活の指導は，児童生徒の日常生活が充実し，高まるように日常生活の諸活動について，知的障害の状態，生活年齢，学習状況や経験等を踏まえながら計画的に指導するものである。日常生活の指導は，生活科を中心として，特別活動の（学級活動）など広範囲に，各教科等の内容が扱われる。それらは，例えば，衣服の着脱，洗面，手洗い，排泄，食事，清潔など基本的生活習慣の内容や，あいさつ，言葉遣い，礼儀作法，時間を守ること，きまりを守ることなどの日常生活や社会生活において，習慣的に繰り返される，必要で基本的な内容である。

　②　**遊びの指導**：遊びの指導は，主に小学部段階において，遊びを学習活動の中心に据えて取り組み，身体活動を活発にし，仲間とのかかわりを促し，意欲的な活動を育み，心身の発達を促していくものである。

　③　**生活単元学習**：生活単元学習は，児童生徒が生活上の目標を達成したり，課題を解決したりするために，一連の活動を組織的・体系的に経験することによって，自立や社会参加のために必要な事柄を実際的・総合的に学習するものである。生活単元学習では，広範囲に各教科等の目標や内容が扱われる。

　④　**作業学習**：作業学習は，作業活動を学習活動の中心にしながら，児童生徒の働く意欲を培い，将来の職業生活や社会自立に必要な事柄を総合的に学習するものである。とりわけ，作業学習の成果を直接，児童生徒の将来の進路等に直結させることよりも，児童生徒の働く意欲を培いながら，将来の職業生活や社会自立にむけて基盤となる資質・能力を育むことができるようにしていくことが重要である。」

　学習によって得た知識や技能が断片的にならないように，なるべく実際の生活の場で応用できるように，生活全体を意識した授業を作っていきます。特別援学校らしい授業形態と言えます。

1 健康の保持
(1) 生活のリズムや生活習慣の形成に関すること
(2) 病気の状態の理解と生活管理に関すること
(3) 身体各部の状態の理解と養護に関すること
(4) 障害の特性の理解と生活環境の調整に関すること
(5) 健康状態の維持・改善に関すること

2 心理的な安定
(1) 情緒の安定に関すること
(2) 状況の理解と変化への対応に関すること
(3) 障害による学習上又は生活上の困難を改善・克服する意欲に関すること

3 人間関係の形成
(1) 他者とのかかわりの基礎に関すること
(2) 他者の意図や感情の理解に関すること
(3) 自己の理解と行動の調整に関すること
(4) 集団への参加の基礎に関すること

4 環境の把握
(1) 保有する感覚の活用に関すること
(2) 感覚や認知の特性についての理解と対応に関すること

(3) 感覚の補助及び代行手段の活用に関すること。
(4) 感覚を総合的に活用した周囲の状況についての把握と状況に応じた行動に関すること
(5) 認知や行動の手掛かりとなる概念の形成に関すること

5 身体の動き
(1) 姿勢と運動・動作の基本的技能に関すること
(2) 姿勢保持と運動・動作の補助的手段の活用に関すること
(3) 日常生活に必要な基本動作に関すること
(4) 身体の移動能力に関すること
(5) 作業に必要な動作と円滑な遂行に関すること

6 コミュニケーション
(1) コミュニケーションの基礎的能力に関すること
(2) 言語の受容と表出に関すること
(3) 言語の形成と活用に関すること
(4) コミュニケーション手段の選択と活用に関すること
(5) 状況に応じたコミュニケーションに関すること

パワポ65　自立活動の内容（文部科学省, 2019）

1. 関係者の共通理解
学校，子供たち，保護者等の関係者が，交流及び共同学習の意義やねらい等について，十分に理解する。

2. 体制の構築
校長のリーダーシップの下，学校全体で組織的に取り組む体制を整える。

3. 指導計画の作成
交流及び共同学習の実施，事前の準備，実施後の振り返りについて，年間指導計画に位置付け，計画的・継続的に取り組む。

4. 活動の実施
・事前に，活動のねらいや内容等について子供たちの理解を深める。
・障害について形式的に理解させる程度にとどまるものにならないよう，子供たちが主体的に取り組む活動にする。
・事後学習で振り返りを行うとともに，その後の日常の学校生活において，障害者理解に係る丁寧な指導を継続する。

5. 評価
・活動後には，活動のねらいの達成状況，子供たちの意識や行動の変容を評価し，今後の取組に生かす。
・活動直後の状況だけではなく，その後の日常の生活における子供たちの変容をとらえる

パワポ66　交流及び共同学習の展開（文部科学省, 2019）

a. 自立活動

自立活動の指導とは，「障害による学習上又は生活上の困難を改善・克服し，自立し社会参加する資質を養うため，自立活動の時間はもとより，学校の教育活動全体を通じて適切に行うものとする。特に，自立活動の時間における指導は，各教科，道徳科，外国語活動，総合的な学習の時間及び特別活動と密接な関連を保ち，個々の児童又は生徒の障害の状態や特性及び心身の発達の段階等を的確に把握して，適切な指導計画の下に行うよう配慮すること」とされています。これまで障害児教育に携わってきた教員たちが時間をかけて内容を吟味し，指導に工夫を凝らし，専門性を高めてきた分野です。

自立活動は「健康の保持」「心理的な安定」「人間関係の形成」「環境の把握」「身体の動き」「コミュニケーション」の6区分27項目あります（パワポ65）。これらすべてを指導するというわけではなく，障害種や発達段階，子どもの状態に応じて，短期長期の目標・計画を作成して指導します。

例えば，視覚障害のある子どもの自立活動の指導内容には，歩行練習や弱視レンズの使い方，触覚や聴覚の活用方法など，聴覚障害であれば補聴器や人工内耳の取り扱い方や管理の方法，コミュニケーション手段の種類を増やす，発音発語の練習など，肢体不自由の子どもであれば，日常生活の基本的な動作の獲得や音声出力装置を使ったコミュニケーションの練習などがあります。

自立活動の指導時間は障害の程度によって違いますが，重度重複障害の子どもの場合時間数が多くなっています。ただ，定められた時間だけで指導するのではなく，他の教科等の指導と連携を取って，学校の教育活動の全体を通じて行うものです。

b. 交流および共同学習

障害のある子どもと障害のない子どもの相互理解を進めるためには交流や共同学習が有意義だとされています（パワポ66）。特別支援学校に通う子どもたちは地域の小中学校ではなく離れた場所にある学校に通っています。一時的に離れてはいますが将来は同じコミュニティーの仲間として暮らしていくことを考えて，学童期に意図的に交流の場を作ることも必要です。

特別支援学校とその近隣の小中学校もしくは高等学校の子どもたちが実際に顔を合わせて一緒に活動し，「してもらう」「してあげる」の関係ではなく双方に学びがある交流及び共同学習が望まれます。小中学校の学習指導要領にも交流及び共同学習は位置づけられています。共生社会実現のために計画的で継続性のある取り組みが重要です。

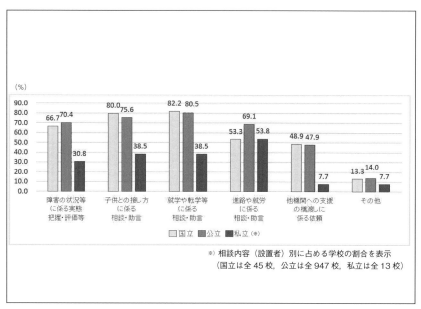

パワポ67　子ども及び保護者からの相談（文部科学省, 2019）

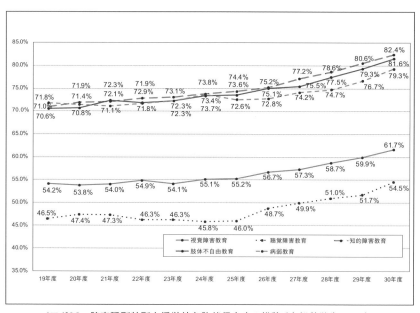

パワポ68　障害種別特別支援学校免許状保有率の推移（文部科学省, 2019）

（3）特別支援学校に期待される役割

　特別支援学校は重い障害のある子どもたちの教育を保障するための学校です。障害の種類や程度によってさまざまな制限がある中で，可能な限り教育機会を確保することと充実させることが求められています。通学が困難な場合は訪問教育という仕組みもあります。訪問教育は障害のため通学して教育を受けることが困難な児童生徒に対して，教員を派遣して教育を行うものです。また看護師や研修を受けた教員によって医療的ケアの一部もなされるようになってきました。通学することができるようになると登校日数が増加し，保護者の負担も減らすことができます。

　また ICT 機器の活用は，各教科や自立活動等の指導において，その効果を高めることができる点で極めて有用であることがわかってきました。子どもたちの理解を助けたり，意思表明が簡単にできるようになったり，さまざまに便利な機器やアプリが開発されています。遠隔授業などにも今後活躍しそうです。安全に配慮しながら教育機会の拡大を図る工夫は今後も進んでいきます。

　特別支援学校の役割は自校内の子どもや保護者からの相談にのるだけではなく，近隣の幼小中高校のアドバイザーとしての役割もあります。相談内容は子どもに関することや就学・進学に関すること，他機関との連携などです(パワポ 67)。各学校の教師の専門性や施設・設備を生かした地域における特別支援教育のセンターとしての役割を果たすよう努めることが求められています。

（4）これからの課題

　児童生徒数の増加，重度・重複化，センター的機能など，特別支援学校の教員は障害のある子どもたちの教育に携わる上での高い専門性を求められています。特別支援学校教諭免許状を保有していることだけが専門性の高さを示すわけではありませんが，文部科学省が示す数字は特別支援学校免許状の保有状況です(パワポ 68)。本来であれば，特別支援学校の教員全員が保有しているべきところですが，歴史的にそれがなかなか望めなかったために，現在は基礎免許状(幼小中高の免許状など)を持っていれば特別支援学校に勤務できることになっています。しかし近年 100％の保有率を目指して，教員免許状認定講習会などが数多く開かれています。

　特別支援学校には，保護者支援や福祉との連携も含めて，生涯にわたる切れ目のない支援のための要としての役割が求められています。

寄宿舎設置の理由

・遠距離や家庭事情等により通学困難な児童・生徒のために設置

寄宿舎設置の法的根拠

・学校教育法第78条「特別支援学校には，寄宿舎を設けなければならない。ただし，特別の事情のあるときは，これを設けないことができる。」
・学校教育法第79条「寄宿舎を設ける特別支援学校には，寄宿舎指導員を置かなければならない。② 寄宿舎指導員は，寄宿舎における幼児，児童又は生徒の日常生活上の世話及び生活指導に従事する。」

寄宿舎のはじまり

・1881（明治14）年京都盲唖院（現京都府立盲学校及び聾学校）に，日本初の寄宿舎。

パワポ69　特別支援学校寄宿舎とは

	寄宿舎数	設置率
視覚障害	59	92.5%
聴覚障害	62	74.7%
知・肢・病	176	18.7%
合　計	293	27.1%

＜全国の寄宿舎生数＞
2005年：10,383人
2018年：8,036人

注：公立（市区含む）学校数と設置率

全国都道府県教育委員会ホームページ（2018年5月現在）

パワポ70　障害種別寄宿舎設置率と全国の寄宿舎生数
（文部科学省，2005年，2018年「学校基本調査」より筆者算出）

3-5 寄宿舎教育

(1) 特別支援学校寄宿舎とは

　一部の特別支援学校には寄宿舎が設置され，その学校に在籍している子どもたちが入舎し，その発達と生活支援を展開しています(パワポ69)。寄宿舎は自宅が遠隔地にあるなど通学が困難な子どものために設置されてきましたが，特別支援学校の増設やスクールバスの増車が進む中で，都市部では「通学困難」な子どもは減り，「生活リズムの確立」や「人と関わる力をつける」等，教育的理由で入舎する「教育入舎」や養育困難(ひとり親家庭や保護者の病気等)のための入舎などが広がるようになってきました。

　寄宿舎設置の法的根拠は，学校教育法78条の「特別支援学校には，寄宿舎を設けなければならない。ただし，特別な事情のあるときは，これを設けないことができる」にあります。「特別な事情」とは，特別支援学校に児童福祉施設や病院が隣接されている場合とされています(鈴木，2009)。

　日本の寄宿舎の始まりは1881年京都盲唖院(現京都府立盲学校及び聾学校)ですが，同時期に楽善会訓盲院(現筑波大学附属盲学校)でも確認され，就学のみならず貧困家庭の子どもには生活支援も行われていました。

(2) 寄宿舎の現状

　全国の特別支援学校寄宿舎(公立)は，2018年現在，293校に設置され，設置率は27.1%，8,036人(特別支援学校在籍者数の5.6%)が寄宿舎生活を送っています。障害種別では視覚障害特別支援学校92.5%，聴覚障害特別支援学校74.7%に対して，知的障害，肢体不自由，病弱特別支援学校は18.7%と極端に少なくなっています(パワポ70)。2007年の特別支援教育移行以前は，全国の寄宿舎生数は約1万人で推移してきましたが，特別支援教育推進のなかで，複数の障害種を受け入れる学校の総合化や舎生数の減少によって寄宿舎の統廃合が進み約8千人となっています。各都道府県の寄宿舎設置率をみると，一番高い県は長野県で78.9%(分校を除くと佐賀県がトップで100%)，最下位が神奈川県の4.3%(視覚障害と聴覚障害のみ設置)と地域格差が大きいことがわかります。

(3) 寄宿舎教育の今日的機能・役割

　寄宿舎教育とは，寄宿舎における生活指導を中心とした教育実践のことを指し，学校や寄宿舎ごとで教育目標を設定し教育実践が展開されています。

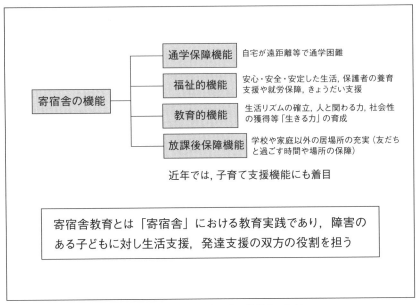

パワポ71　寄宿舎教育の今日的機能・役割

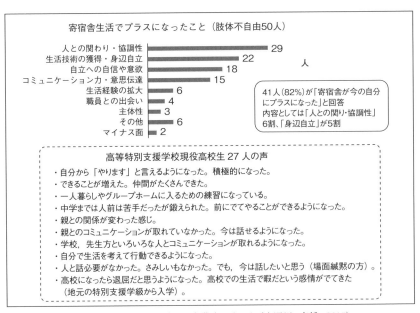

パワポ72　寄宿舎を経験した卒業生の声から（小野川・高橋, 2015）

　障害のある子どもは，食事，睡眠，排せつなどといった基本的生活動作の獲得も含め発達に困難を抱えていたり，家庭ではほとんど自宅で家族とのみ過ごしているといった発達を保障するに相応しい生活が送れていない子どもも少なくありません。また，生活介助の必要から親子関係は互いに依存しやすく，筆者の調査では肢体不自由，知的障害の高校生でも4割が「親離れ・子離れ」ができていないと回答し，精神的自立にも困難を抱えていることがうかがえます。とりわけ親の方が「子離れできない」傾向にあるようです。障害者の「1人暮らし」が1割未満といわれる背景には，福祉施策等の遅れだけでなく，親子関係の課題も大きいと考えられます。学齢期に一定期間，親元から離れた生活を経験できる寄宿舎は，障害のある子どもにとっては，身辺自立をはじめ精神的自立においても重要な役割を果たしています。また，同じ障害のある友だちとの生活は，「人への信頼」「人と関わる力」を身につけていく機会にもなっています。寄宿舎は「通学保障機能」だけでなく「福祉的機能」「教育的機能」「放課後保障機能」と，その社会的役割を広げ，寄宿舎における教育実践（寄宿舎教育）を発展させてきました。

（4）寄宿舎経験者からの声

　筆者が実施した当事者（肢体不自由校卒業生）への聞き取り調査では，多くの人が「人と関わる力」がついたと感じています。また，身辺自立や生活技術を身につけ，卒業後の1人暮らしやグループホームでの生活に自信がついたと答えました。さらに，自ら考えて行動する力やコミュニケーションの面でも成長したと感じています。50人中41人が「寄宿舎が今の生活にプラスになっている」と回答していることから，卒業後の進路や生活において寄宿舎経験は大きな力となっているようです。

　また，知的障害校高等部生への聞きとり調査では，ある場面緘黙の高校生は「中学までは人と話す必要も感じなかったが，高校に入りみんなと生活する中で，話したいと思う」と語ってくれました。また，地元の特別支援学級から入学した高校生は「中学校の頃は家でゲームばかりしていた。今は，退屈だと思うようになった」と話し，以前は「当たり前」と思っていた生活が，同じ障害の仲間との生活を経験し，「もっと〜したい」という思いを膨らませるきっかけになっているようです（パワポ72）。

　教育・医療・福祉の連携，協働が重視される今日，寄宿舎教育の機能・役割はますます重要になっていくと思われます。

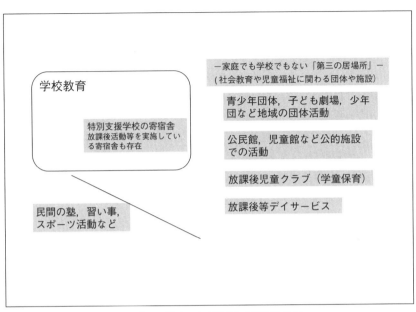

パワポ73　障害のある子どもの学校外教育

No.	所在地	児童館名	プログラム名	具体的内容
1	宮城県仙台市	茂庭台児童館	お金マイスター	児童館で行うほとんどの行事に、障害をもっている子どもも参加できるように考えている。障害の程度により、参加の仕方・ルールなどを工夫している。
2	東京都杉並区	杉並区立堀ノ内東児童館	～きらきらタイム～　障がいのない子ども障がいのある子も一緒にあそぼう♪	障害の有無に関わらず、みんなが楽しめる手話ソング・工作・料理等の交流プログラムを月2回行っている。子ども自身がやりたいことを取り入れ、ボランティアの力も活かし、様々な体験ができる。
3	東京都新宿区	北新宿第一児童館	ふれあい動物園	障害のある児童もない児童も普段接することのできない動物とふれあうことで交流します。
4	愛知県名古屋市	とだがわこどもランド	ドレミであそぼう	障がいのある未就学の子どもとお母さんが一緒になって音楽を聴いたり、歌ったり、楽器を鳴らしたりする中で、からだを刺激し、生活をより豊かにしていくための手助けをするプログラム。
5	京都府京都市	北白川児童館	『いきいき遊び』－木とリス－ －障害のある子と一緒に－	三人一組となってそのうち二人が向かい合って手をつなぎ「木」に、一人がその木に囲まれた「リス」に、木とリス以外の1名が「オニ」となり「オニ」の発する掛け声に合わせて移動し、木からリスにおさまることを競って楽しみ、発達に遅れのある子どもも一緒に楽しめる遊びである。
6	京都府京都市	たかつかさ児童館	和太鼓	本来のリズムではなくても、基本の打ち方で参加できる演目を探し、みんなでたたく楽しさを味わっている。最初と最後をしっかり合わせるだけで可能なので、「一緒にやった達成感」を体験できるプログラムになっている。
7	兵庫県神戸市	上野児童館	街歩きお散歩探検	発達障害の児童を対象として、その児童の興味を持つものを中心に街をめぐります。
8	大分県日出町	日出町児童館	障がい児の余暇支援活動	スポーツチャンバラ、野外活動、音楽活動など

パワポ74　障害のある児童が参加しやすいよう配慮している主な児童館・プログラム一覧
（社会保障審議会児童部会　第2回遊びプログラム等に関する専門委員会, 2015）

3-6　学校外教育

（1）障害児にとって学校外教育とは

　学校外教育とは，学校以外の場での学齢期における学習と発達を保障する教育です。それらの場の活動として，制度的には社会教育法や児童福祉法に規定される少年団などの団体活動，公民館・児童館などの公的施設での活動，放課後児童クラブ（学童保育），障害児に特化した場である放課後等デイサービスなどが挙げられます。また，特別支援学校の一部である寄宿舎の中には，舎生（寄宿舎で生活する児童生徒）以外にも寄宿舎を開放し，放課後活動を保障しているところもあります（パワポ73）。

　障害児教育（特別支援教育）の分野では，学校外教育に類する用語として「放課後保障」があります。「放課後保障」とは，放課後および学校休業日での障害児の「居場所」や活動保障のことです。1979（昭和54）年度からの養護学校義務制実施により，障害の重い子どもたちも就学が保障されるようになったものの，放課後や学校休業中における「居場所」や活動場所が未整備な状態が長く続き，大半の障害児は家の中で独り，あるいは母親と過ごしていました。1990年代以降，障害児を受け入れる学童保育所も現れ，1998年，ようやく児童福祉法に「放課後児童健全育成事業」として学童保育が位置づけられるようになりました。その後2012年には放課後等デイサービスも制度化されました。現在，障害児の「休息・余暇，遊び，文化的・芸術的生活への参加」（子供の権利条約第31条。障害者権利条約第30条も同様の権利保障を明記）の保障，および保護者の負担軽減や就労保障など，「放課後保障」は障害児や家族にとって欠くことのできないものとなっています。

（2）障害児など配慮が必要な子どもにも開かれつつある児童館

　児童館は，児童福祉法第40条に規定される児童厚生施設のひとつで，「児童に健全な遊びを与えて，その健康を増進し，又は情操をゆたかにすることを目的とする施設」です。2018年10月に改正された「児童館ガイドライン」では，「配慮を必要とする子どもへの対応」のひとつとして「障害のある子どもへの対応は，障害の有無にかかわらず子ども同士がお互いに協力できるよう活動内容や環境について配慮すること」や，障害者差別解消法に基づく合理的配慮に努めることが明記されました。

　パワポ74は，障害のある児童の参加に配慮した児童館およびプログラムの

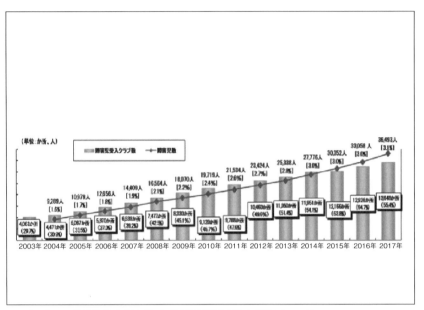

パワポ75 放課後児童クラブにおける障害児の受入れ推進について
(第4回社会保障審議会児童部会放課後児童対策に関する専門委員会, 2018)

障害児受入の定員設定別クラブ数の状況

(か所)

定員設定の有無	平成 30 年		平成 29 年		増減
障害児受入の 定員無し	10,079	(71.2%)	9,887	(72.4%)	192
障害児受入の 定員有り	4,070	(28.8%)	3,761	(27.6%)	309
計	14,149	(100.0%)	13,648	(100.0%)	501

注1:( )内は各年の総数に対する割合である。
注2:[30年:14,149], [29年:13,648]は、障害児を受け入れているクラブ数。

障害児の学年別登録児童数の状況

(人)

学年	平成 30 年		平成 29 年		増減
小学1年生	9,034	(23.0%)	8,385	(23.0%)	649
小学2年生	9,631	(24.5%)	9,364	(25.7%)	267
小学3年生	8,703	(22.2%)	8,120	(22.3%)	583
小学4年生	5,851	(14.9%)	5,311	(14.6%)	540
小学5年生	3,629	(9.3%)	3,229	(8.8%)	400
小学6年生	2,290	(5.8%)	2,049	(5.6%)	241
その他	93	(0.2%)	35	(0.1%)	58
計	39,231	(100.0%)	36,493	(100.0%)	2,738

注1:( )内は各年の総数に対する割合である。
注2:全登録児童数に対する障害児の登録児童数の割合は、30年:3.2%、29年:3.1%である。

パワポ76 放課後児童クラブの実施状況 (厚生労働省, 2018)

例です。このうち，東京都杉並区立立堀・内東児童館の「きらきらタイム」では，①障害児がわかりやすいような明確な指示・簡単な内容に配慮し，②子どもたちの楽しみ方や遊び方がそれぞれ違っても同じ空間で楽しい時間を共有でき，③障害児にはボランティア1名が付き添い細やかな対応をし，④支援時の配慮点確認のため障碍者施設の職員へ相談して活動へのアドバイスを得るなど，障害の有無に関わらず子どもたちが一緒に遊べる配慮を保障して活動に取り組んでいます。

（3）年々障害児の受入れが増加している放課後児童クラブ（学童保育）

　放課後児童クラブは，正式には放課後児童健全育成事業といい，児童福祉法第6条の3第2項に基づき，小学校に就学している子ども（特別支援学校の小学部の子どもを含む）であって，その保護者が労働等により昼間家庭にいないものに対し，放課後，児童厚生施設等の施設を利用して適切な遊び及び生活の場を与え，子どもの状況や発達段階をふまえながら，その健全な育成を図る事業のことです。

　パワポ75にあるように，学童保育での障害児の受入れは年々増加しており，2018年には学童保育所25,328か所中14,149か所で障害児が受け入れられています。ここで障害児と見なされている児童の中には，障害者手帳等を所持していないけれども医師や児童相談所等公的機関の意見等によって，障害を有していると認められる者も含まれています。また，障害児の受入れの増加に伴って，障害児の受入れ人数に応じた加算や障害児受入強化推進事業の創設（2015年），医療的ケア児受入のための看護職員の配置（2017年）なども行われています（パワポ76）。加えて，「放課後児童クラブ運営指針」（2015年4月1日）では，障害児への対応として，①インクルージョンの考えに立ち，環境整備を行い可能な限り障害児を受け入れること，②受入にあたっては本人および保護者と面談するなど，子どもの発達の状況や家庭の状況，保護者の意向等を個別に把握すること，③地域社会での放課後の生活が保障されるよう，放課後等デイサービス等と連携・協力を図ることなどが示されています。また，障害児の育成支援にあたっての留意点として，①障害児と障害のない子どもたちとがともに成長できるよう，見通しをもって計画的な育成支援を行うこと，②継続的な育成支援のために障害児個別の記録を作成すること，③事例検討を行うなど研修等を通じて障害について理解すること，④地域の専門機関等と連携し，相談できる体制を確立したり，障害児等療育支援事業等の活用も考慮する

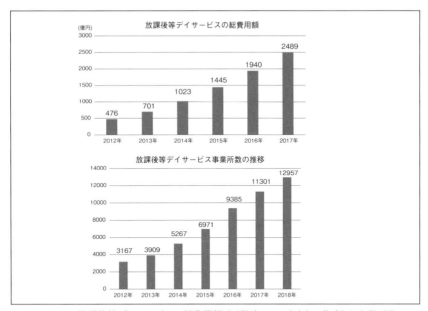

パワポ77　放課後等デイサービスの総費用額（国保連データをもとに作成）と事業所数の
推移（厚生労働省「社会福祉等調査の概況」をもとに作成）

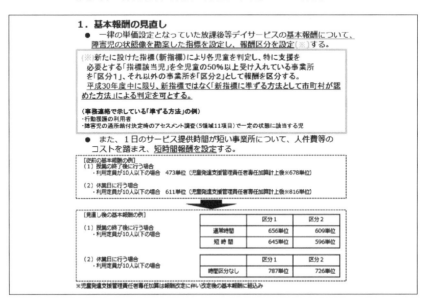

パワポ78　放課後等デイサービス報酬見直し
（第91回社会保障審議会障害者部会配布資料（2018年10月24日）より）

こと，⑤育成事業が適切に図られるよう，個別の状況に応じた環境の配慮，職員配置や施設設備の改善等にも工夫すること，⑥障害者虐待防止法の理念に基づき虐待防止に努め，防止に向けての措置を講ずることも示されています。

（4）障害児の放課後保障に不可欠な放課後等デイサービス

　放課後等児童デイサービスは，2012年4月，児童福祉法に基づく障害児通所支援事業のひとつとして位置づけられ，第6条の2の2第4項「学校に就学している障害児につき，授業の終了後又は休業日に，生活能力の向上のために必要な訓練，社会との交流の促進その他の便宜を供与するもの」と規定されています。対象となるのは，学齢期（満6歳から18歳。特例により20歳未満まで利用可能）の障害児です。

　放課後等デイサービスは，放課後児童クラブとは異なり，障害児のための放課後保障の場です。放課後等デイサービスを行う事業所は増加傾向にあります（パワポ77）。一方で，この事業での事故が急増していることが問題になっています。毎日新聞社が全国67自治体に行った調査によれば，「2016年度に少なくとも965件発生。2017年11月末時点で691件と1000件を超えるペース」で，「背景には，新規参入事業者が相次ぎ，サービスの質の確保が追い付いていない状況がある」（2018年2月7日付）と指摘されています。最近では，大阪で放課後デイサービスを利用していた12歳男子生徒が，食事をのどに詰まらせて亡くなるという事件も発生しています（朝日新聞，2019年7月31日付）。

　相次ぐ事故や障害児支援のノウハウを持たない営利目的の事業所の参入などに対し，厚生労働省は「放課後等デイサービスガイドライン」（2015年）を定め，事業所に対し「不断に創意工夫を図り，提供する支援の質の向上に努めなければならない」と努力義務を課しています。さらに，パワポ78のように報酬見直しを行い，「障害児の状態増を勘案した指標」を設定し，従来一律だった単価設定を2区分にするようになりました。これは営利目的の事業所の排除にも一定寄与したかもしれませんが，法定基準以上に人員配置をし，手厚いサービスを提供していた事業所にも打撃を与えています。厚生労働省の調査（2018年10月実施）でも，報酬改定により369の事業所が廃止・休止しています（最も多い理由「人員配置を満たせない」130か所）。この問題の根底には福祉サービスの市場化があります。権利としての放課後保障の観点に立ち，量と質の両方を保障する制度の見直しが必要といえるでしょう。

不登校の児童・生徒への支援を定めた
「義務教育の段階における普通教育に相当する教育の機会の確保法」
（通称　教育機会確保法）2017年2月施行

第十条
（特別の教育課程に基づく教育を行う学校の整備等）
第十一条
（学習支援を行う教育施設の整備等）
第十三条
（学校以外の場における学習活動等を行う不登校児童生徒に対する支援）
「多様で適切な学習活動の重要性」　「休養の必要性」

パワポ79　教育機会確保法（2017年）とフリースクール

① フリースクールの定義
「不登校児童生徒を受け入れ，相談や学習機会の提供等を行っている
民間の団体，施設」

平成29年2月13日　文部科学省 フリースクール等に関する検討会議報告
「不登校児童生徒による学校以外の場での学習等に対する支援の充実
〜個々の児童生徒の状況に応じた環境づくり〜」

② フリースクールの数，団体・施設の類型
・全国に474か所
・フリースクール（フリースペースを含む），親の会，
学習塾，その他特色ある教育を行う施設など

平成27年8月　文部科学省「小・中学校に通っていない義務教育段階の
子供が通う民間の団体・施設に関する調査」

※上記の施設型以外にホームエデュケーション（ホームスクール）
のように個人・家庭での学びもある

パワポ80　フリースクールの実態

3-7 フリースクール

（1）義務教育の段階における普通教育に相当する教育の機会の確保法とフリースクール

2017年2月不登校児童・生徒や義務教育を受けられなかった人を対象に誰もが安心して教育を受けられる学校環境の整備を図ることを基本理念とした「義務教育の段階における普通教育に相当する教育の機会の確保法（通称：教育機会確保法）」が施行されました（パワポ79）。その背景には年々増加する不登校児童・生徒への対応が急務なこと，学校以外の多様な学びの場の保障を求める実践や運動の高まりがあります。

本法は第十三条に「学校以外の場において行う多様で適切な学習活動の重要性」，「不登校児童生徒の休養の必要性」とあるように，不登校を問題行動と捉えず，フリースクール等学校以外の子どもの学びの場の活用や，子どもが状況に応じて学校を休むことを認めた点において従来の「学校復帰」一辺倒だった政策からの転換が見られます。他方，不登校特例校や教育支援センター等の整備を軸にあくまで学校を中心とした不登校対策に力点が置かれたことから評価が二分されているところです。

（2）フリースクールの実態

文部科学省はフリースクールを「不登校児童生徒を受け入れ，相談や学習機会の提供等を行っている民間の団体，施設」と定義しています。2015年の調査では全国に474か所の存在が認められました（パワポ80）。同調査はそれらの施設をフリースクール（フリースペースを含む），親の会，学習塾，その他の特色ある教育を行う施設に大きく類型化して分析しています。一方でフリースクールの所在は都市部に集中する傾向があり，そういった施設がまったく存在しない地域があることや，ホームエデュケーション（ホームスクール）で学ぶ子どもなど，フリースクール等の施設を利用していない不登校児童生徒の方が圧倒的に多いこともわかっています。

（3）不登校の実態と障害児

a. 不登校児童・生徒数

2017年度の文部科学省の調査では小中学校に在籍する不登校児童生徒数は144,031人，前年度までおよそ10万人から12万人の間で推移していた数が14

	区分	計	病気	経済的理由	不登校	その他
小学部	平成 28年度間	3,543	2,611	2	116	814
	平成 29年度間	3,490	2,548	11	119	812
	国立	5	3	—	1	1
	公立	3,479	2,544	11	118	806
	私立	6	1	—	—	—
中学部	平成 28年度間	2,487	1,719	5	251	512
	平成 29年度間	2,535	1,740	10	280	505
	国立	7	3	—	3	1
	公立	2,523	1,732	10	277	504
	私立	5	5	—	—	—

パワポ81　特別支援学校における不登校

（文部科学省平成30年度「学校基本調査」をもとに作成）

1990 年	"学習障害児の高等教育をもとめる会" 発足
	名古屋市南区扇田町に見晴台学園開校
1995 年	"学習障害児・者の教育と自立の保障をすすめる会" に改称
	刈谷市に新校舎を建設・移転。中等部や土曜教室を開設
2000 年	特定非営利活動 (NPO) 法人取得
2001 年	青年部，自立支援センターるっく開設
2002 年	自立支援センターるっく名古屋市南区に移転
2005 年	名古屋市中川区に新校舎を建設移転（現校舎）
2010 年	第 41 回博報賞「特別支援教育部門」，文部科学大臣奨励賞受賞
	受賞活動「保護者との協働による LD など発達障害児のカリキュラム・授業づくり」
2013 年	名古屋市中川区に見晴台学園大学開校
2015 年	見晴台学園開校 25 周年
2018 年	NPO 法人として，文部科学省平成 30 年度「障害児の多様な学習活動を総合的に支援するための実践研究」委託事業実施
2019 年	現在，生徒数 21 名（男子 10 名，女子 11 名），教職員数 20 名（パート，非常勤講師，支援スタッフ含む）

＜理念＞
1. 一人ひとりの子どもの必要に応じ，真の学力を高め，わかる喜びを知り，学ぶ楽しさを知ることができる教育
2. 互いの人格を認め合い，障がいを理解しあい，より高い人間性をめざす教育
3. 子ども，父母，教職員が手をつなぎ，みんなで運営する学園

パワポ82　見晴台学園のあゆみ・概要

万人を越えた背景には前段で触れた「教育機会確保法」の成立により休養が是認されるようになった影響が考えられます。

b. 増加の要因の一つに発達障害のある児童生徒の存在

特別支援教育との関連でみると，2007 年 4 月の特別支援教育制度化によりそれまでの障害種に発達障害(学習障害，注意欠如・多動性障害，自閉症スペクトラム障害)が加わりました。文部科学省の調査では，「不登校の要因は様々であり，一層多様化・複雑化している」としたうえで，学業の不振，いじめ，家庭環境や貧困の課題と並んで発達障害のある児童生徒の増加を指摘しています。

c. 特別支援学校における不登校

統計によると，特別支援学校小学部中学部の 2016 年度，2017 年度の不登校およびその他の理由による長期欠席者の割合は全体の 1/4 強になります(パワポ 81)。しかし，障害児の不登校の現状やフリースクール等の利用実態についての全体像は明らかになっていません。

（4）障害児が学ぶフリースクールの事例①

愛知県名古屋市の見晴台学園は NPO 法人学習障害児・者の教育と自立の保障をすすめる会が運営する発達障害や知的障害のある子ども・青年を対象としたフリースクール(五年制高等部・中等部)です。発達障害に対する理解や制度がなかった 1990 年，学習や発達に困難を抱える子どもたちの高校段階の教育を求めた親の運動から見晴台学園は生まれました。その後，不登校など学校に適応できない中学生のための中等部を開設，2013 年には見晴台学園や特別支援学校高等部，一般の高校を卒業した障害青年のために見晴台学園大学(法定外)を開校しました(パワポ 82)。

見晴台学園は「学校に子どもを合わせるのではなく，子どもに合った学校づくり」が基本理念です。障害のある子どもたち一人ひとりの要求(わかる喜び，学ぶ楽しさ，対等に関わり合う友だち)に応え，人格を育てることを目的とし，父母と教職員，地域の関係者が運営(経営と教育内容づくり)に協働で取り組み，子どもたちのための学びの場を支えています。

（5）障害児が学ぶフリースクールの事例②

見晴台学園のカリキュラムはパワポ 83 に示したように「言語と数量」，「自然と社会」，「技術と人間」，「芸術と文化」，「運動文化とからだ」の五領域で構

基礎教養教育課程		職業準備教育課程	
中等部		高等部（5年一貫）	
（3年間）	本科（3年課程）	専攻科（2年課程）	
認識と表現	言語と数量	職業人教育	講義「職場の見学、様々な職種の仕事についての話を聞く」
	自然と社会		実習「ぶどう農園、スーパーマーケット等で1週間程度の実習を行う」
	技術と人間		
	芸術と文化		授業「就労や社会人生活についての不安や必要なことを話し合い、自分らしい卒業後の進路、生活について考える」
	運動文化とからだ		
生活と自治	生徒自主企画の運営（ex.クラブ活動）「生徒自身が企画の立案・提案を行い仲間とともに主体的に学び合う」	生活者教育	趣味・特技を磨く
			研究論文
			各種免許・資格への挑戦
	人間シリーズ「卒業生や様々な職種、活動をしている人の話を直接聞き、自分と照らして学ぶ」		グループ自主旅行
			研修への参加
行事	新入生オリエンテーション合宿、キャンプ（三重県いなべ市）、東海道53次WALK（東海道五十三次の史跡を巡りながらリレーでつなぐ）、学園祭（みはらしだいまつり）、スキー旅行（長野県北志賀高原）など		

パワポ83　見晴台学園カリキュラム一覧表（2019年度）

障害者権利条約（2014年締結）
第4条（一般的義務）
　　意思決定過程における障害当事者（障害児を含む）の関与
第5条（平等及び無差別）
　　障害に基づくあらゆる差別を禁止することや，合理的配慮の提供
第24条（教育）
　　障害者を包容するあらゆる段階の教育制度や 生涯学習の確保
　　障害に基づいて 一般的な教育制度から排除されないこと
　　個々の障害者にとって必要な「合理的配慮」が提供されること

まとめ
特別支援教育の充実と自分に合った学びを必要とする子どもたちの願いは矛盾しない。

学校とフリースクールがそれぞれの特性を活かし，子どもの要求に応える多様な学びを保障していく

パワポ84　特別支援教育とフリースクール

成され，授業時間は午前午後に90分授業が1コマずつで「ゆっくり・じっくり」学ぶことが大切にされています。

　以下は見晴台学園で中学1年から学んでいる高等部専攻科の生徒が発表したレポートからの抜粋です。

　　「見晴台学園には，学園ならではのよさがたくさんあります。まず何といっても，友だちと仲よくできることです。私は，入学する前，自分から人に話しかけることが苦手でした。でも，学園では，自分から話しかけることができるようになりました。（中略）理由を自分なりに考えてみたのですが，学園では，私が話していることを友だちが理解してくれるからだと思います。私が意見を言うと，友だちはちゃんと聞いてくれます。私も友だちの意見を聞くようにしています。それで，ますます仲よくなれるのだと思います。」（『私の学校　見晴台学園』全国障害者問題研究会第53回全国大会発表レポート）。

　この生徒は小学生当時，毎日泣きながら，でも休まずに学校に通っていたそうです。フリースクールの見晴台学園で授業や行事に積極的に参加するようになり，大勢の人の前でも堂々と自分の考えを話すまでに成長しています。

（6）特別支援教育とフリースクール

　見晴台学園の生徒の中には，小学校で不登校になったきっかけがクラス担任の冗談を理解できず真剣に受けとめたあまり先生が怖くなって行けなくなったというケースがあります。その場の雰囲気が読めず，言葉の裏側にある真意が読みとれない障害特性の一つが原因です。2014年の「障害者権利条約」締結以来，教育の分野でも「合理的配慮」のある指導・支援が具体的に取り組まれていますが，学校という大きな集団で多様な特性に個別に対応することには限界もあります（パワポ84）。

　特別支援学級や通級指導教室，分教室の設置，教育支援センターやスクールカウンセラーの支援・協力など特別支援教育の仕組みを適切に活用してこうした児童生徒に対応していく一方で，地域との連携の視野を少し広げて探ってみる必要もあるのではないでしょうか。「教育機会確保法」や「合理的配慮」の活かし方として地域にそうした子どもを受け入れる居場所やフリースクールの存在はあるのか，教師は必要に応じて子どもや保護者に情報を提供し一緒に考えるコーディネーターの役割も求められていると言えます。かけがえのない時間を安心して自分らしく学びたい，子どもたちの願いをていねいに追求していきましょう。

コラム 5　個別の教育支援計画(individualized educational support plan)

　個別の教育支援計画は,「今後の特別支援教育の在り方について(最終報告)」〔2003 年 3 月〕で初めて紹介されました。そこでは,「教育,福祉,医療,労働等が一体となって乳幼児期から学校卒業後まで障害のある子どもの一貫した『個別の教育支援計画』を策定することについて積極的に検討を進めていく必要がある。この計画の策定について,新しい障害者基本計画にも規定されており,適切な教育的支援を効果的かつ効率的に行うため教育上の指導や支援の具体的な内容,方法等を計画,実施,評価(Plan-Do-See)して,より良いものに改善していく仕組みとして重要である」としています。

　「個別の教育支援計画」について,中央教育審議会答申〔2005 年(平成 17 年)12 月〕では「今後,小・中学校も含めた策定の推進を検討するとともに,関係機関と連携した効果的な運用方法を確立する必要がある。また,今後の運用状況を踏まえつつ,『個別の指導計画』と併せて学習指導要領等への位置付けを行うことや,就学事務における取扱などを検討する必要がある」と述べています。

　「個別の教育支援計画」は,学校において,特別支援を必要とする一人ひとりの子どもを生涯にわたって支援していくために,作成するものです。

コラム 6　個別の指導計画(individualized education plan)

　中央教育審議会答申〔2005 年 12 月〕では「今後,小・中学校も含めた策定の推進を検討するとともに,関係機関と連携した効果的な運用方法を確立する必要がある。また,今後の運用状況を踏まえつつ,『個別の教育支援計画』と併せて学習指導要領等への位置付けを行うことなどを検討する必要がある」としています。

　特別支援学校以外に「個別の指導計画」についての規定はありませんが,通常の学級や特別支援学級で学ぶ子どもの指導において有効なツール(道具)として,一般の小・中　高等学校学校でも積極的に作成・利用されています。

　ここでは,「実態把握」「目標(おおよそ 1 年間を目処にした長期目標と学期毎の短期目標)」「指導の手だて」「評価」などの項目が盛り込まれ,これらは一連のサイクル(「計画」→「指導の展開」→「評価」→「計画」－－－)として機能することが重要とされています。

　「個別の指導計画」は,「個別の教育支援計画」をふまえ,学校教育において,具体的に一人ひとりの教育的ニーズに応じた指導目標・内容・方法などをまとめた計画です。作成することが目的ではなく,それを活用することが大切です。

第**4**章　地域，福祉，医療との連携

　特別支援教育では，「特別なニーズをもつ子ども」一人ひとりに合った多様な学校教育の場が準備されるとともに，学校外で発達と教育に取り組む地域・福祉機関や医療など専門機関とのタテ，ヨコの緊密な連携・協力が求められます。ここではまた，保護者支援をはじめ，寄宿舎教育や放課後デイサービス，公教育外のフリスクールについて理解します。

・発達的個人差が大きいために障害の確定が難しい。

・生育環境の影響から発達に遅れが出ることがある。

・保護者にとって，子育てのイメージが持ちにくい。

パワポ85　乳幼児期の子どもの発達と障害

名　称	概　要
幼稚園	『学校教育法』に規定された学校の一種で，満三歳から小学校就学の始期に達するまでの幼児が通園し，義務教育及びその後の教育の基礎を培う。
保育所	『児童福祉法』に規定された児童福祉施設で，保育を必要とする乳児・幼児を保護者のもとから通わせて保育を行うことを目的としている。
認定こども園	『認定こども園法』『児童福祉法』に規定された施設で，満三歳以上の幼児に対する教育および保育を必要とする乳児・幼児に対する保育を一体的に行う。
障害児発達支援	『児童福祉法』に規定された事業で，児童発達支援センター等に障害児を通わせ，日常生活動作，知識技能，適応訓練等を提供する。
放課後等デイサービス	『児童福祉法』に規定された施設で，小・中・高等学校に通う障害児を児童発達支援センター等に通わせ，生活能力の向上訓練や社会と交流する機会を提供する。
その他	『児童福祉法』に規定された事業では，居宅訪問型児童発達支援や保育所等訪問事業などがある。また「児童館」には障害児の受け入れに積極的に取り組むところもある。

パワポ86　障害児保育・療育の担い手

4-1　障害乳幼児の保育・療育

（1）乳幼児期の子どもの発達と障害

　障害のある子どもに限らず，乳幼児期の子どもたちは発達の個人差が大きく，育成環境から非常に大きな影響を受けながら育ちます。そのため保育現場では一人ひとりに応じた保育・援助が必要となるのですが，障害のある子どもの場合，障害のない子どもに比べさらに個人差が大きく，また障害によっては，より個別で専門的な対応（例えば，後述する療育）を必要とすることもあります。また，保護者にとっても，子育てのイメージを持ちにくく，その面でも保育者には子育て支援に関わる専門性が求められます（パワポ85）。

（2）障害児保育・療育の担い手

　障害児保育の担い手には幼稚園や保育所，認定こども園などがあります（パワポ86）。

　わが国の障害児保育は，1974年に，厚生省（現，厚生労働省）が「障害児保育事業実施要綱」を定めて助成金の交付を開始し，また同年，文部省（現，文部科学省）が「心身障害児幼稚園助成事業補助金交付要綱」を定め「私立幼稚園特殊教育費国庫補助金制度」を定めたことが始まりです。近年では，障害児保育は障害者手帳[i]を所持する子どもだけではなく，広く発達的に「気になる子[ii]も含めた取り組み[iii]となってきています。

（3）「幼稚園教育要領」等に見る障害児保育の位置づけ

　『幼稚園教育要領』（以下，「指導要領」），『保育所保育指針』（以下，「保育指針」），『幼保連携型認定こども園教育・保育要領』（以下，「教育・保育要領」）（パワポ87）に共通しているのは集団，計画，連携であり，集団の中で成長・発達することや医療，保健，福祉，家庭や地域と連携することを重視しています。また，「共に」という文言で，障害のある子どももない子どもも共に育つという，障害のある子どもを含む集団はすべての子どもにとって有意義であると述べています。障害のある子どものみを対象として実施される療育の必要性

---

i ）　身体障害者手帳，療育手帳，精神障害者保健福祉手帳のこと。
ii ）　明確な定義はありませんが発達の遅れや障害の可能性のある子どものこと。
iii ）　保育・教育上，特別なニーズをもつ子どもへの保育を田中は「特別ニーズ保育」と定義しています。

『幼稚園教育要領』第1章－第5－1
「障害のある幼児などへの指導に当たっては，集団の中で生活することを通して全体的な発達を促していくことに配慮し，特別支援学校などの助言又は援助を活用しつつ，個々の幼児の障害の状態などに応じた指導内容や指導方法の工夫を組織的かつ計画的に行うものとする。また，家庭，地域及び医療や福祉，保健等の業務を行う関係機関との連携を図り，長期的な視点で幼児への教育的支援を行うために，個別の教育支援計画を作成し活用することに努めるとともに，個々の幼児の実態を的確に把握し，個別の指導計画を作成し活用することに努めるものとする。」

『保育所保育指針』第1章－3－(2)
「障害のある子どもの保育については，一人一人の子どもの発達過程や障害の状態を把握し，適切な環境の下で，障害のある子どもが他の子どもとの生活を通して共に成長できるよう，指導計画の中に位置付けること。また，子どもの状況に応じた保育を実施する観点から，家庭や関係機関と連携した支援のための計画を個別に作成するなど適切な対応を図ること。」

『幼保連携型認定こども園教育・保育要領』第1章－第2－3－(1)
「障害のある園児などへの指導に当たっては，集団の中で生活することを通して全体的な発達を促していくことに配慮し，適切な環境の下で，障害のある園児が他の園児との生活を通して共に成長できるよう，特別支援学校などの助言又は援助を活用しつつ，個々の園児の障害の状態などに応じた指導内容や指導方法の工夫を組織的かつ計画的に行うものとする。また，家庭，地域及び医療や福祉，保健等の業務を行う関係機関との連携を図り，長期的な視点で園児への教育及び保育的支援を行うために，個別の教育及び保育支援計画を作成し活用することに努めるとともに，個々の園児の実態を的確に把握し，個別の指導計画を作成し活用することに努めるものとする。」

パワポ87　「教育要領」「保育指針」「教育・保育要領」における障害児保育の位置づけ

プロセス	内容
情報の収集と分析	子ども，保護者，家庭，子育て環境等の情報を収集・分析し，指導(支援)計画の目標，ニーズを把握する。
指導(支援)計画の策定	収集・分析した情報，目標，ニーズをもとに指導(支援)計画を策定する。
保育・療育の実施	子どもに関わる保育者(支援者)集団が指導(支援)計画の内容を共有し，実際に保育・療育を実施する。
保育・療育の評価	保育・療育の内容を継続評価し，必要に応じて指導(支援)計画を修正する。また，最終的に目標の達成を評価する。
保育・療育の終結	保育期間の終了や療育目標の達成により保育・療育を終了する。さらにニーズがある場合は情報収集からプロセスを繰り返す。

パワポ88　障害児保育・療育のプロセス

は確かにあるものの，今後は「誰もが共に暮らす社会」というインクルーシブ社会を担う子どもたちに「共に育ち合う保育」の取り組みがますます重要になってきています。

（4）障害児保育・療育のプロセス

　障害児保育のプロセスといっても，基本的には一般的な保育と変わりません（パワポ 88）。ただし，障害のある子どもの場合には，個別の状況をなるべく早く正確に把握する必要があります。より早期に障害を発見し，早期に対応することで，障害による困難の軽減を図ることができます。ここでは，保護者支援を充分に意識する必要があります。保護者は「この子をどう育てたら良いかわからない」という大きな不安を抱いています。また，「この子をどのように育てたいか」という思いや願いを尊重し，寄り添うことが大切です。障害児保育・療育には，子どもの発達を保障すると同時に，保護者がわが子の障害を受け入れ，子育てに前向きになれるようなプロセスが求められるのです。

（5）療育と保育

　療育は，障害のある（または疑いのある）子どもとその保護者のみを対象として進められ，分離保育の形態をとります。療育では，医療や福祉的・心理的なケアなど多角的な視点と支援が求められます（パワポ 89）。

　療育は，基本的に小集団保育で，親子保育の時間と親子分離の時間が設定されています。医療的ケア児や知的障害児（発達障害も含む）などの支援を充実させるために医療スタッフも常駐しています。障害のある子どもたちが安心して活動できる環境で実践される保育では，子どもたちは主体性や達成感，自己肯定感を育みます。また，親子分離の時間には，保護者同士の交流会や障害についての学習会などが実施され，親子ともに実りある時間を過ごせるようになっています。

　しかし，療育には，障害のある子ども同士しか触れ合うことができないというデメリットもあります。そこで障害のない同世代の子どもたちと関わる機会として保育園や幼稚園との交流保育の場が設定され，また，同世代の子どもたちとより多くの時間を持ちたいと保育所や幼稚園に並行通園している子どもも増えています。

＜療育とは＞

・分離保育の形態をとる。

　　※ 決して治療のみを目的とした保育ではない。

・厚生労働省では「児童発達支援」としている。

　　※ 児童発達支援は，障害のある子どもに対し，身体的・
　　　精神的機能の適正な発達を促し，日常生活および社会
　　　生活を円滑に営めるようにするために行う。それぞれの
　　　障害の特性に応じた福祉的，心理的，教育的及び医療
　　　的な援助である。

・児童発達支援センターは，自治体および自治体より委託され
　て療育する。

パワポ89　療育とは（厚生労働省, 2017/2018）

☆ T児の事例（ことばの遅れ）

　・乳幼児健診にてフォロー対象
　・2歳：療育施設紹介→拒否
　・3歳：週5日親子分離で保育

保育で大切にしたいこと

見通しの持ちやすい生活	家庭との協力
話したくなるあそびの提供	安心できる空間

【図】念力あそび（人間ボーリング）

パワポ90　T児の事例

（6）事　例

（事例1）　軽度知的障害のあるT児（パワポ90）

　保護者は，「言葉の遅れ」や「コミュニケーションの難しさ」など，はっきりと見た目には分からない状態に不安を募らせています。T児も，乳幼児健診において言葉の基礎となる指さしや応答の難しさなどが指摘され，保健師から児童発達支援センターを紹介されました。しかし，保護者はT児の遅れを受け入れることができず，なかなか利用には至りませんでした。運動機能に目立った遅れが見られなかったこと，家庭では発語が多く見られていたことから，「ただ少しゆっくりしているだけ」と思いたい心境だったのかもしれません。しかし，4歳を前に友だちへの関心の薄さや外出時の発語の少なさなどから支援につながりました。

　T児のように知的に軽度の障害のある子どもは，簡単な会話は可能な場合が多く見られます。しかし，発語は場面や量的に限定的で，絵本のセリフや歌のフレーズ，保育者の言葉をオウム返しに言うだけということが少なくありません。T児は表情も硬く，気持ちの伴った言葉が出ない日々が続きました。そこで，まず保育者とともに気持ちを解放して遊ぶ経験を通じて，自発的な発語を促す（声を出したくなるような）環境づくりに努めました。このような遊びを通して，やがてT児は声を出し始め，自ら話したいという気持ちが育って自然に言葉があふれ出てくるようになりました。

　T児親子は1年間の療育を通して，親子とも外出する機会が増え，就園予定の幼稚園への登園も可能と判断され，児童発達支援センターでの支援は終了しました。幼稚園では，保育者の援助を受けながら，同世代の友だちと笑顔で2年間を過ごしました。

（事例2）重度身体障害のあるR児（パワポ91）

　児童発達支援センターには，身体障害や難病のある子ども，重複障害のある子ども，中には医療的ケアの必要な子どもも通所しています。このような子どもたちには，まず生命の維持を前提とした安心して過ごせる居場所づくりが必要です。R児は生後まもなく神経線維腫症という病気がわかり，数回の手術を受けました。四肢麻痺もあり寝たきりの状態で，経口での食事も難しく，人工呼吸器を使いながら生活していました。いっぽう，知的な部分にはまったく遅れが見られず何事にも好奇心が強く，「身体が動かないからできない」ではなく「動かないけれどもやってみたい」と挑戦する気持ちが強いことから，早期から発達支援の希望がありました。

☆ R児の事例
・生後2か月で神経線維腫症発病，
　手術の後遺症により四肢麻痺と
　なる
・2歳：O市に転入。訪問療育開始
　（週に1日保育者が訪問して療育）
　体調の良いときはセンターに
　「お出かけ」というかたちで来所
・3～4歳：週2日通園クラスに在籍
　人工呼吸器ほか医療機器使用の
　ため保健師か保護者がいる状態
　で療育

保育で大切にしたいこと

| 体調面の情報共有 | 心地のよい姿勢づくり |
| 伝えたい思いを大切に | 子どもらしい生活の保障 |

パワポ91　R児の事例

パワポ92　今後の障害児支援の在り方について（厚生労働省，2017/2018）

　　訪問保育を経て通所に移行する過程で，R児に明らかな変化が見られました。訪問保育では大人ばかりのなかに子ども1人だったのが，他の子どもたちがいる空間のなかでR児の表情が豊かになってきました。自由遊びの時間に保護者と分離して保育者と子どもたちだけで過ごしているうちに，今まで固かった表情も柔らかくなり声を出して笑うようになりました。そうなると，R児が求める空間は，ここでは物足りなくなってきます。環境調整も含め課題に一つひとつ向き合い，行政の支援も受けながら就学前の1年間を保育所で過ごしました。

（7）今後の課題と展望〜インクルーシブ保育の実現に向けて〜

　　乳幼児期は，人格の基礎を育てる大切な時期です。なかでも障害のあるなしに関わらず，"ぼく（わたし）ってすごい"と自分自身に手ごたえをつかめるように自己肯定感を育む重要な時期です。ここではまた，障害のある子どもを生涯にわたって支援するという長い見通しに立って取り組むことが求められています。家庭や地域(関係機関など)ともしっかりと連携し，障害のある子どもだけでなく，保護者も保育者も，そして関係者みんなが共に育ちあう保育が大切です。

　　近年，インクルーシブ保育ということがいわれるようになりました(パワポ92)。インクルーシブ保育とは障害の有無に関係なく「すべての子どもを含む保育」のことです。日本ではこれまで保育所における障害児保育として，障害のない子どもの集団のなかに障害のある少数の子どもを受け入れ，障害のある子どもには他児との関わりや生活経験の拡大を，障害のない子どもには障害の理解や意識の助長をはかる統合保育として取り組まれてきました。

　　インクルーシブ保育では，子どもたちの関係が対等・平等です。時にケンカになることもありますが，子ども同士の関わりのなかでこそ人間として育っていきます。保育者には，乳幼児期から一人ひとりの子どもがお互いに「違い」を個性として認めあい，尊重しあえる人間形成を通して，将来「共生社会」を担っていく子どもを育む保育が求められています。

（1）教育における「同じ目的，共通の利益」とは？

　　教育における保護者と教師の「同じ目的，共通の利益を守る
　ために事にあたる」とは，子どもたちの発達を保障し，ゆたか
　な人生を歩む力をつけること。

（2）それぞれの立場の役割を果たす

　　保護者と教師の「協同」は，両者が同じ立ち位置，方法で子ど
　もに関わることではない。目的を共有しつつ，それぞれの役割を
　果たしていくこと。

子ども

パワポ93　保護者との協同について

（1）「協同」のスタート

　　保護者との「協同」は，信頼関係
　を築くことから。

（2）信頼関係を築くために

　　保護者と信頼関係を築くためには，
　保護者の「本当のねがい」を聞き
　取ること。

（3）保護者が出す「表面的な訴え」に
　対応するのではなく，保護者の「本
　当のねがい」を想像，共感し，同じ
　地平に立ち，寄り添うこと。

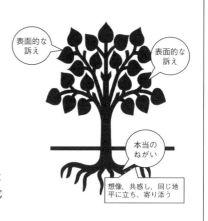

表面的な
訴え

表面的な
訴え

本当の
ねがい

想像，共感し，同じ地
平に立ち，寄り添う

パワポ94　「本当の願い」を聞き取る

4-2　保護者との協同

（1）協同とは

　「協同」とは，「複数の個人や団体が心や力をあわせて同じ目的，共通の利益を守るために事にあたること」とあります（『大辞林第三版』三省堂，2006）。教育における保護者と教師の「同じ目的，共通の利益」とは，子どもたちの発達を保障し，ゆたかな人生を歩む力をつけていくということです。しかしそれは，保護者に教師的な関わり方を求めることではありません（パワポ93）。

　教師は学校という場で子どもたちと向き合い教育を行います。そこには，教師だからこそ行うことができる営みがあります。また，保護者は子どもたちが多くの時間を過ごす家庭において，子どもたちが明日への活力を蓄えられるように日々の生活をつくっています。保護者だからこそ行うことができる営みがあるのです。昨今は，子どもに対する教育効果を高めるために，教師が保護者に学校と同じように関わることを求める，また逆に，教師が保護者から家庭での関わり方と同じように学校でも関わってほしいと求められるという状況を聞くことがあります。学校と家庭での取り組みを同じにすることが協同だと言われることもあります。ですがそれは，子どもたちが生活する環境を，非常に狭いものにしてしまう可能性があります。

（2）保護者の本当の「ねがい」を聞き取る

　保護者との協同は，教師との信頼関係が基本となります。では，信頼関係を築いていくためには何から始めるのか。保護者の訴えにとことん耳を傾け，「本当のねがい」を聞き取ることから始めなければいけません（パワポ94）。

　保護者が表面的に出してくる訴えの背景には何があるのか，それを保護者の「声」としてとことん聞くことで探っていくことが，教師の専門性の一つです。保護者の「本当のねがい」は，その背景に何があるのかを想像しなければつかむことはできません。そしてその「ねがい」に共感することが大切です。相対するのではなく，わがこととして想像し，共感し，同じ地平に立ち，寄り添っていくことが協同の第一歩です。

　人間は，自分の思いが受け止められているという実感，それに伴う相手に対する信頼感がなければ，相手から何を言われてもそのことを受け止めることはできないでしょう。相互の信頼がなければ協同することはできません。まずは，保護者の「本当のねがい」をしっかりと聞き取り，信頼関係を築いていく

保護者の「表面的な訴え」を「受け入れる」だけ，
教師の思いを保護者に「受け入れさせる」だけでは，
「協同」にはならない。
「協同」とは双方向の営み。

新たな価値観の創造を
　一方の価値観の押しつけではなく，「協同」
することによって，それぞれの価値観を「受け
止め」，保護者と教師が，新たな価値観を創
造していく視点をもつこと。

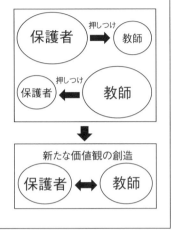

パワポ95　協同は双方向の営み

(1) 連絡帳，学級通信，学年通信など
　文章でやりとりする場合には，できるだけ子どものがん
　ばっている姿など，積極的な面や肯定的な事柄を中
　心にすることがポイント。子どもの課題や否定的な事
　柄については，直接対面している時に，口頭で伝え
　ること。

(2) 個別の教育支援計画，個別の指導計画など
　これらは，子どもの姿に対する認識や今後の成長・
　発達の姿に対する見通し，目標を共有するために利
　用しましょう。作成にあたっては，ただ単に計画を提
　示するだけではなく，保護者の意見を聞き取るなど，
　「協同」のためのツールとして活用しましょう。

パワポ96　協同のための手立て

ことが大切です。

（3）協同は双方向の営み

　一方的に保護者の「ねがい」を「受け入れる」だけでは，また逆に，保護者に教師の思いを押しつけるだけも，協同ではありません（パワポ95）。

　保護者は，さまざまな表面的な訴えを教師に伝えてくることがあります。それを「受け入れ」て対応していくことは，一方的な主従関係とでも言えるものです。保護者の思いを「受け止め」つつ，教師としての思いや展望を伝えていくことが大切です。反対に，教師の価値観を保護者に「受け入れ」させることも協同ではありません。保護者が「受け止め」られるように，教師の思いをわかりやすく伝えていくことが必要なのです。

　保護者と教師の双方がともに思いを出し合い，相手の意見を知ることによって，自分自身の価値観を顧み，新たな価値観を相手とともに創造することが必要です。保護者との協同では，既存の価値観を押しつけ合うのではなく，新たな価値観を創造していく視点が大切です。

（4）協同のための手立て

　協同するためには，まずお互いが知っている子どもの姿や「こう育っていくのではないか」という見通し，「こう育ってほしい」というねがい，こういう意図をもって子どもと関わっているという情報を共有する必要があります。

　本来であれば保護者と教師が顔を合わせて共通理解を深めていければいいのですが，さまざまな制約があり難しいものです。そのため，①連絡帳・学級通信・学年通信など，②個別の教育支援計画・個別の指導計画を有効に使うことが考えられます（パワポ96）。

1）連絡帳・学級通信・学年通信など

　連絡帳を有効に活用することで，保護者と教師の双方向のやりとりができ，共通理解を深めていく可能性があります。しかし，しっかりと返事がほしいことやすぐに返事がほしいことなどは，顔を合わせたり電話などを使って連絡を取るようにしましょう。

　連絡帳など，文章でやりとりする際には，できるだけ子どものがんばりなどの積極的な面や肯定的な事柄を中心にすることがポイントです。課題や否定的な事柄については文章ではなく，直接対面している時に口頭で伝えることによってこちらの言葉に対する保護者の表情や雰囲気を確認することができる方

（1）保護者自身も，さまざまな「困難」を抱えて
　　いることがある。保護者と「協同」するために
　　は，福祉や医療などの関係諸機関と教師が
　　「協同」することも必要。

（2）ニーズの掘り起こし
　　保護者は時に，自身の「困難」に気づいて
　　いないことがある。潜在化している保護者の
　　ニーズを掘り起こしていくことが必要。

（3）チームで対応
　　「困難」を抱える保護者への対応は，一人で
　　抱え込まないで，教職員集団で対応する。

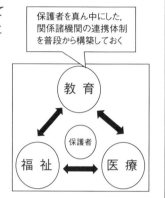

保護者を真ん中にした，
関係諸機関の連携体制
を普段から構築しておく

パワポ97　困難を抱える保護者との協同

保護者は，一人ひとり固有の人生を歩んできた，個性的な存在。
その保護者との「協同」を築いていくためには，「保護者との協同
はこうすればいい」というマニュアルは存在しない。

・保護者に敬意を払う姿勢
　保護者が，これまでさまざまな「困難」を抱えつつも，障害児を
　育ててきた道のりに敬意を払う姿勢が大切。

・オーダーメイドの「協同」を
　一人ひとり個性的な存在である保護者と，オーダーメイド
　の「協同」のあり方を模索し，しっかりとした関係を築い
　ていけることが，教師の専門性の一つ。

パワポ98　一人ひとりと築く協同

がいいでしょう。

2) 個別の教育支援計画・個別の指導計画

　個別の教育支援計画や個別の指導計画は子どもの発達課題や教育指導上の課題を集団的に共有するためのツールであり，作成後に保護者の確認が取られます。これらは本来ならば子どもの姿に対する認識や今後の見通し，目標を共有するためのものです。作成段階で保護者の意見を聞き取るなどして，形式的，アリバイ的なものに留めるのではなく，保護者との協同のためのツールとして活用していきましょう。

（5）困難を抱える保護者との連携

　子どもたちだけではなく，保護者自身もさまざまな困難を抱えていることがあります。保護者との協同をつくるためにも，教師には時に保護者が抱える困難に向き合うことが求められます。しかし，保護者が抱える困難は，教師だけでなんとかできるものだけではありません。福祉や医療といった関係諸機関との協同が必要になりますし，必要な時にいつでも協同できる関係を日頃から築いていることが大切です。

　また，困難な状況にある保護者ほど，それまでの生活の中で困難を当たり前のことと感じ，困難な状況にあることを認識することができていないことがあります。時には，そういった潜在化した保護者のニーズを掘り起こすことが教師に求められることもあるでしょう。

　困難を抱える保護者と関わる際に大切なことは，教師が一人で対応しないことです。深刻な状況であればあるほど，管理職を含めた教職員集団で対応する必要があります（パワポ97）。

（6）一人ひとりと結ぶ協同

　保護者は，一人ひとりが子どもたちの状況も生活の状況も多様で個性的な存在です。ということは，「保護者との協同はこうすればいい」といったマニュアルは存在しないということです（パワポ98）。

　若い教師の場合には，ほとんどの保護者が年上で，しかも人生経験も豊富です。保護者への協同に困難を感じることも多々あるかもしれませんが，保護者がこれまで障害児を育ててきた困難な道のりに対して敬意を払いつつ，それぞれに応じた協同のあり方を模索していくことが大切です。そして，それを作り出してくことも，教師の専門性の一つです。

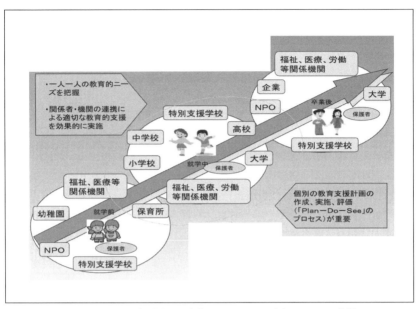

パワポ99　個別の支援計画－障害のある子どもを生涯にわたって支援－
（独立行政法人国立特別支援教育総合研究所, 2006）

障害児 通所系	児童発達支援	日常生活における基本的な動作の指導，知識技能の付与，集団生活への適応訓練などの支援を行う
	医療型児童発達支援	日常生活における基本的な動作の指導，知識技能の付与，集団生活への適応訓練などの支援及び治療を行う
	放課後等デイサービス	授業の終了後又は休校日に，児童発達支援センター等の施設に通わせ，生活能力向上のための必要な訓練，社会との交流促進などの支援を行う
障害児 訪問系	居宅訪問型児童発達支援	重度の障害等により外出が著しく困難な障害児の居宅を訪問して発達支援を行う
	保育所等訪問支援	保育所，乳児院・児童養護施設等を訪問し，障害児に対して，障害児以外の児童との集団生活への適応のための専門的な支援などを行う
障害児 入所系	福祉型障害児入所施設	施設に入所している障害児に対して，保護，日常生活の指導及び知識技能の付与を行う
	医療型障害児入所施設	施設に入所又は指定医療機関に入院している障害児に対して，保護，日常生活の指導及び知識技能の付与並びに治療を行う

パワポ100　障害児支援サービスの一覧（相談支援系を除く）
（厚生労働省, 2018aをもとに作成）

4-3 福祉との連携・協働

(1) 特別支援教育と福祉の連携・協働

　パワポ 99 は,「個別の教育支援計画」の説明にしばしば用いられるものですが,この図に示されているように障害のある子どもたちは,就学前も,就学中も,卒業後も「福祉等の関係機関」とつながりを持ちながら生活をしていることが多いです。2007 年 4 月,特別支援教育制度の開始と同時に文部科学省が発出した通知「特別支援教育の推進について」でも,「各学校及び各教育委員会等は,必要に応じ,発達障害者支援センター,児童相談所,保健センター,ハローワーク等,福祉,医療,保健,労働関係機関との連携を図ること」と明記されています。

　しかし,特別支援教育を含む教育行政は文部科学省,障害児・者の福祉を含む社会福祉行政は厚生労働省という,いわゆる「縦割り行政」の弊害もあり,必ずしも十分な連携・協働ができているとは言えません。例えば,教育行政で「児童」と言えば,小学校や特別支援学校小学部に在籍している子どもを示しますが,福祉行政で「児童」と言うのは,18 歳未満の子ども全般を指します。このように,教育と福祉では,日常的に使っている用語にも差異がありますので,相互理解は,決して容易ではありません。

　一人ひとりの障害のある子どもの発達を支えていくために,教育と福祉の現場職員同士が,相互理解を進め,連携・協働を深めていくことは必要不可欠です。ここでは,連携・協働のために最低限おさえておきたい事項を整理することにします。

(2) 学校教育就学中の福祉

a. 障害児を支える福祉

　障害児を支える福祉サービスは,障害者全般に関わる福祉の法律である「障害者総合支援法」によるものと児童福祉に関わる法律である「児童福祉法」によるものがあり,整理するとパワポ 100 のようになります。地域によって提供されるサービスに違いが生じますので,学区内あるいはその周辺にどんな事業所があり,どんなサービスが提供されているかを調べておくことも大切です。

　障害の状態やさまざまな事情により施設で生活をする必要がある場合は,入所系のサービスを利用し,入所施設から学校に通うことになります。なお,ここには示されていませんが,一般の子どもを対象とする児童養護施設等の入所

○事業の概要
学校通学中の障害児に対して，放課後や夏休み等の長期休暇中において，生活能力向上のために訓練等を継続的に提供することにより，学校教育と相まって障害児の自立を促進するとともに，放課後等における支援を推進。

○対象児童
学校教育法に規定する学校（幼稚園，大学を除く）に就学している障害児
　（*引き続き，放課後等デイサービスを受けなければその福祉を損なうおそれがあると認めるときには満20歳に達するまで利用することが可能）

○利用定員
10人以上

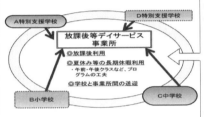

○提供するサービス
◆学校授業終了後又は休業日において，生活能力の向上のために必要な訓練，社会との交流の促進等
　①自立した日常生活を営むために必要な訓練
　②創作的活動，作業活動
　③地域交流の機会の提供
　④余暇の提供
◆学校との連携・協働による支援（学校と放課後等デイサービスのサービスの一貫性）

パワポ101　放課後等デイサービス（厚生労働省，2018a）

計画相談支援	【サービス利用支援】 ・サービス申請に係る支給決定前にサービス等利用計画案を作成 ・支給決定後，事業者等と連絡調整等を行い，サービス等利用計画を作成 【継続利用支援】 ・サービス等の利用状況等の検証（モニタリング） ・事業所等と連絡調整，必要に応じて新たな支給決定等に係る申請の勧奨
障害児相談支援	【障害児利用援助】 ・障害児通所支援の申請に係る給付決定の前に利用計画案を作成 ・給付決定後，事業者等と連絡調整等を行うとともに利用計画を作成 【継続障害児支援利用援助】

パワポ102　障害児が利用できる相談支援系サービス（厚生労働省，2018aをもとに作成）

施設にも障害のある子どもが入所している場合も少なくありません。

b. 放課後等デイサービス

　特に特別支援学校や特別支援学級に在籍している子どもたちは，自宅と学校の行き来だけの生活に陥りがちです。そういった中で豊かな放課後生活を保障していくことが子どもたちの発達に重要であることが明らかになり，現在では，「放課後等デイサービス」がその重要な役割を担うようになっています（パワポ101）。放課後だけではなく，夏休み等の長期休暇中も日中は放課後等デイサービスで過ごす子どもが多くなっています。

　「学校と事業所間の送迎」を行っている事業も多く，この場合，事業所の職員が学校に子どもを迎えに来ることになります。この引き渡しのわずかな間にでも，お互いに子どもの様子を伝え合うことができれば，連携を深めることもでき，学校と放課後等デイサービス双方の支援の質の向上につながります。

　また，子どもたちは，放課後等デイサービスでは学校とはちょっと「違った様子」を見せることも少なくありません。担任の先生が放課後等デイサービスに見学に行ったり，逆に放課後等デイサービスの職員さんに学校での様子を見学してもらったりすることができるとよいと思います。

c. 相談支援事業

　放課後等デイサービスをはじめとする各種障害児支援サービスを利用する際には，パワポ102で示した「相談支援」の事業所が，「サービス等利用計画」を作成したり，「モニタリング」と言われるサービス利用状況の検証を行ったりしています。子どもたちは，複数のサービスを使っている場合もあります。中には，日によって異なる放課後等デイサービスの事業所を使っている場合もあります。それらの連絡調整等を行うのも相談支援事業の役割です。

　したがって，支援上の困難が発生した場合などは，相談支援事業所は，保護者や各事業所と連携を取り合って，さまざまな手立てを検討します。その際，学校での様子や支援の状況の情報が必要になる場合もあります。時には，学校での支援の在り方が問われる場合もあります。こういった際，「福祉は福祉・学校は学校」と，お互いが障壁を設けてしまう状態に陥りがちですが，一人の子どものために，さまざまな関係者が協力して知恵を出し合って，子どもの抱える困難に向き合っていくことが大切です。

　他にも，「自立支援協議会児童部会」など，地域によって，さまざまな連携を意図した場が設置されています。こういった場に，学校関係者も積極的に参加することが大切です。

中学校特別支援学級・特別支援学校中学部卒業者の進路(2017年3月卒)

	卒業者	進学者			教育訓練機関等入学者	就職者	社会福祉施設等入所・通所者	その他
		高校等	高等部	計				
特別支援学校中学部	10,500	190 (1.8%)	10,152 (96.7%)	10,342 (98.5%)	23 (0.2%)	7 (0.1%)	52 (0.5%)	76 (0.7%)
中学校特別支援学級	21,132	8,264 (39.1%)	11,645 (55.1%)	19,909 (94.2%)	464 (2.2%)	176 (0.8%)		583 (2.8%)

特別支援学校高等部卒業者の進路(2017年3月卒)

	卒業者	進学者			教育訓練機関等入学者	就職者	社会福祉施設等入所・通所者	その他
		大学等	専攻科	計				
特別支援学校高等部	21,292	198 (0.9%)	198 (0.9%)	396 (1.9%)	381 (1.8%)	6,411 (30.1%)	13,253 (62.2%)	851 (4.0%)

パワポ103　特別支援教育と進路 (文部科学省, 2018)

◎一般就労

一般の企業や公務員として就労すること

民間企業2.2%，国・地方公共団体等2.5%，都道府県等の教育委員会2.4%(2019年10月現在)の「法定雇用率」が定められており，雇用主は，この割合の障害者を雇用していない場合，「障害者雇用納付金」を支払わなくてはならない。

◎福祉的就労

障害者福祉サービスの事業所で，それぞれの障害の実態に応じた生産活動等を行うこと。一般に「作業所」と呼ばれることが多い。

パワポ104　2種類の就労と障害者雇用率制度

（3）学校教育卒業後の労働と福祉

a. 特別支援教育と進路

　幼稚園や義務教育段階では，学校教育修了後の支援機関と直接連携を取る機会は少ないかと思いますが，障害のある子どもたちの進路の状況を把握しておくことは大切です。高等学校や特別支援学校高等部の教員にとっては，卒業後の労働や福祉を支える機関との連携が重要であることは言うまでもありません。

　パワポ103の表は特別支援学級・学校在籍者の進路統計ですが，まず，中学校の特別支援学級卒業者の約4割が通常の高等学校に進学していることには注目が必要です。すなわち，高等学校にも障害のある生徒が多数在籍し，特別な支援を必要としているということです。

　中学校特別支援学級卒業者の6割弱，特別支援学校中学部卒業者のほとんどが，義務教育修了後，特別支援学校高等部に進学しています。そして，高等部卒業後の進路は，就職が約3割，社会福祉施設等の利用が約6割となっています。この表は特別支援学校の対象となる5つの障害種の合計値のみを示していますが，障害種による違いも見られます。

b. 2種類の「就労」

　障害者の就労は，大きく2つの種類があります（パワポ104）。一つは，「一般就労」とよばれる，いわゆる「普通」の就職です。進路統計の「就職者」は，「一般就労」につながった卒業生の数です。

　障害者の就労を支える「障害者雇用促進法」という法律があり，「法定雇用率制度」をはじめとした，さまざまな障害者の就労を支援する仕組みがあります。一般のハローワークでも障害者雇用の相談に対応してくれますし，各地に「障害者職業センター」や「障害者就業・生活支援センター」などの支援機関もあります。こういった機関は，就職時だけではなく，就職後の支援などでも核となりますので，学校の先生は，こういった機関と本人・保護者を「しっかりとつなげる」ということが大切です。

　もう一つの就労は，「福祉的就労」とよばれるもので，障害者福祉サービスとして提供されている事業所で，それぞれの障害の実態に応じた生産活動を行うものです。進路統計の「社会福祉施設等入所・通所者」のほとんどは，この福祉的就労につながった卒業生の数です。福祉的就労も，障害者にとっては大切な「働く場」ですが，行政上は「福祉サービスを提供している場」ですので，価値観の相違も生じがちです。

事業名	事業の内容
生活介護	常に介護を必要とする人に，昼間，入浴，排せつ，食事の介護等を行うとともに，創作的活動又は生産活動の機会を提供する
自立訓練（生活訓練）	自立した日常生活又は社会生活ができるよう，一定期間，生活能力の維持，向上のために必要な支援，訓練を行う
就労移行支援	一般企業等への就労を希望する人に，一定期間，就労に必要な知識及び能力の向上のために必要な訓練を行う
就労継続支援（A型）	一般企業等での就労が困難な人に，雇用して就労の機会を提供するとともに，能力等の向上のために必要な訓練を行う
就労継続支援（B型）	一般企業等での就労が困難な人に，就労する機会を提供するとともに，能力等の向上のために必要な訓練を行う

パワポ105　さまざまな作業所（厚生労働省, 2018bをもとに作成）

◎**福祉型専攻科**（「学びの作業所」などの呼称もある）
　　多くは，「自立訓練」の事業を活用し，特別支援学校高等部専攻科（高等部3年間を修了した後に1〜4年(2年間のことが多い)の継続教育を行う)の代替となる「教育的」な取組みを行う事業所

◎**福祉型大学**（「カレッジ」などの呼称もある）
　　多くは，「自立訓練」(前半2年間)と「就労移行支援」(後半2年間)を組合せ，一般の大学のように4年間の「教育的」な取組みを行う事業所

⇒いずれも，正規の教育機関ではなく，障害者福祉の仕組みを活用し，「進学」のニーズに応えるもの

パワポ106　福祉による進学保障

c. さまざまな「作業所」

　福祉的就労の場は，一般に「作業所」などとよばれることが多いですが，障害者福祉サービスの体系の中では，さまざまな事業に分類されています。パワポ105は，その中でも主なものを抜粋しました。

　卒業後すぐに一般就労を始めるのは困難だけれども，近い将来には一般就労を目指したいという場合は「就労移行支援」が主な選択肢になります。長期間，福祉的就労の場を活用することが必要な場合は，働く力に応じて，「就労継続支援A型」「就労継続支援B型」「生活介護」などから選ぶことになります。

　さまざまな種類の事業がありますが，実際に，どういった事業所があるのかは地域によって異なります。役所の福祉課の窓口や障害者相談支援センターなどで，それぞれの地域の状況を確認することが必要です。そして，どういった事業所ではたらくことが，障害者本人にとってよいことなのか，教師は，本人・保護者はもちろん，福祉の専門職とも連携を取りながら，一緒に考えていくことが大切です。

（4）福祉による「進学」保障

　最後に，「進学」にも触れておきます。進路統計では，進学者はわずか1.9%です。知的障害者だけで見ると，なんと，0.4%にしかなりません。半数以上の人が大学等に進学するご時世に，この数値は差別的とも言えます。知的障害のない方については，一般の大学等での受け入れも徐々に進んできていますが，特に知的障害者の進学保障は，全く不十分です。

　そんな中で，近年は，自立訓練（生活訓練）などの障害者福祉の制度を活用して，専攻科や大学の代替となるような「学び」を保障しようとする取り組みが見られるようになっています。福祉型専攻科，福祉型大学とよばれるこういった取り組みが，当面は，知的障害者の「進学」を保障するための重要な手がかりとなりそうです（パワポ106）。

　この節では，特別支援教育と福祉の連携について，就学中と卒業後に限定して述べました。障害児・者の福祉の仕組みは学校教育関係者には非常に複雑に見える上，頻繁に制度変更があるという面があります。常に，連携を意識し，的確な情報を収集することに努めてください。

1歳6か月健診	3歳児健診
○ 健診内容	○ 健診内容
① 身体発育状況 ② 栄養状態 ③ 脊柱及び胸郭の疾病及び異常の有無 ④ 皮膚の疾病の有無 ⑤ 歯及び口腔の疾病及び異常の有無 ⑥ 四肢運動障害の有無 ⑦ 精神発達の状況 ⑧ 言語障害の有無 ⑨ 予防接種の実施状況 ⑩ 育児上問題となる事項 ⑪ その他の疾病及び異常の有無	① 身体発育状況 ② 栄養状態 ③ 脊柱及び胸郭の疾病及び異常の有無 ④ 皮膚の疾病の有無 ⑤ 眼の疾病及び異常の有無 ⑥ 耳,鼻及び咽頭の疾病及び異常の有無 ⑦ 歯及び口腔の疾病及び異常の有無 ⑧ 四肢運動障害の有無 ⑨ 精神発達の状況 ⑩ 言語障害の有無 ⑪ 予防接種の実施状況 ⑫ 育児上問題となる事項 ⑬ その他の疾病及び異常の有無
○ 受診人数(受診率)　1,001,397人(94.9%)	○ 受診人数(受診率)　1,009,368人(92.9%)

受診人数・受診率：厚生労働省「地域保健・健康増進事業報告」（平成 25 年度）による。

パワポ107　乳幼児健康診査

脳障害　←　先天性の原因, 周産期の原因, 生後の中枢神経感染, 溺水など低酸素脳症

↓

重度知的障害・運動障害・てんかん

成長とともに変化と合併症

神経系	てんかん, ストレスによる様々な症状
呼吸器系	誤嚥性肺炎, 過剰な分泌, 呼吸不全
消化器系	胃食道逆流, 腸閉そく, 消化性潰瘍
泌尿器系	排尿障害, 尿路感染, 尿路結石
筋骨格系	関節の変形拘縮
全身症状	緊張亢進, 高熱

パワポ108　重症心身障害児にみられる病態

4-4　医療との連携 ─────────────

（1）医療と教育の連携の始まり─早期発見から─

　発育・発達途上の小児では障害が早期に発見され早期に対応されることで重篤化を防ぐことは極めて重要です。早期発見の場について見れば出生直後に発見される場合や家族が気になって受診して発見される場合もありますが，公的なシステムとして母子保健法は各自治体に対して乳幼児健診の実施と健診内容を規定しています（パワポ107）。本邦の健診受診率は極めて高いことから身体障害，知的障害，視覚・聴覚などの感覚器の障害などは，このシステムを通して大部分が発見されます。さらに同法第13条に則り多くの自治体は上記に加えて3-4か月と8-10か月に健診を施行します。また近年注目されてきている発達障害については，これまでの健診システムでは発見の見落としが生じる可能性があるため，いくつかの自治体が5歳前後に相談や健診を取り組み始めています。

　これらの機会に発見された子どもたちは専門医療機関に紹介され，そこで診断と専門的立場からの生活指導が家庭や保育所・学校に対して伝えられます。一方で家庭や保育所・学校からは日常生活における困りごと，変化などが専門機関にフィードバックされます。これが医療と教育との連携の始まりで，この相互的関係は長期にわたり継続することになります。

（2）医療と教育の連携

　医療と教育の連携の代表的な例を提示します。

a.　重症心身障害児

　重症心身障害児とは知的機能と身体機能の両者がともに重度で，呼吸・循環・栄養・体温調節など生きていくための最低限の機能を維持するうえで医療の支えが必要な子どもたちです。原因となるのは重度の脳障害です。病態の基本は重度の知的障害，運動障害，そして難治なてんかんですが，成長発達とともに多彩で全身的に障がいが合併してきます（パワポ108）。

　最重度の子どもたちに対しては重症心障害児病棟の中で，生命機能を監視するモニターをつけ，呼吸器や酸素吸入を継続しながら，周囲に医療スタッフがいて急変時にすぐに医療的な対応が準備されるなかで教育的はたらきかけがなされます。そこまで重度でない子どもたちの場合は特別支援学校の重症心身障害児クラスなどで教育を受けることになりますが，この場合も時に気道の喀痰

小・中学校において医療的ケアを実施する場合には，特定行為を含め，原則として看護師等を配置または活用しながら，主として看護師等が医療的ケアにあたり，教職員がバックアップする体制が望ましいこと。また，医療的ケア児の状態や特定行為の内容により，特定行為業務従事者の実施が可能な場合には，介助員等の介護職員について，主治医等の意見を踏まえつつ，特定の児童生徒との関係性が十分認められる上で，その者が特定行為を実施し，看護師等が巡回する体制が考えられる。

パワポ109　学校における医療的ケアの今後の対応について（文部科学省，2019）

第2　改正法の概要

定義の改正について

「発達障害者」の定義を，発達障害がある者であって発達障害及び社会的障壁により日常生活または社会生活に制限を受けるものとした

基本理念の新設について

発達障害者の支援は，個々の発達障害者の性別，年齢，障害の状態及び生活の実態に応じて，かつ医療，保健，福祉，教育，労働等に関する業務を行う関係機関及び民間団体相互の緊密な連携の下に，その意思決定の支援に配慮しつつ，切れ目なく行われなければならないこととした

パワポ110　発達障害児支援法を一部改正する法律（2016年5月成立）

吸引や経管栄養が必要になります。原則として看護師が配置されることになっていますが実態として常時配属される状況にはなっていません。こうした状況の中で教師のなすべき役割に関して文部科学省は，医療と密な連携を前提に教師が一定の医療行為(特定行為)へ参加することという判断を示しています(パワポ 109)。しかし現場では特定行為の範疇以外にも，緊張が強い子，嘔吐を繰り返す子，突然高熱を出す子など医療的判断や介入が求められることは稀ではありません。医療側は，その子のもつ障害の基本的概念の説明に加えて，個々の子どもたち個別の特徴や予測される事態，その時の対応につき教育側に情報提供します。他方で日常のその子の状況について教育現場からのフィードバックが大切です。

b. 発達障害における医療と教育の連携

2016 年 8 月から施行された改正発達障害者支援法は医療と教育の連携を重視するとしました(パワポ 110)。連携の中で医療の果たす役割は，支援の展開の出発点になる診断や鑑別をしっかり行い，家族と教育関係者に対して適切な助言や支援を行っていくことにあります。子どもたちが落ち着きのなさ，コミュニケーションのずれ，パニック，学習の困難などの症状を示した場合に，医療はその背景にあるものは何なのかを明らかにするよう努めます。発達障害と診断すべきか，それが主因なのか，あるいは家族関係，教師・友だちとの関係，学習内容の不適切が主因か，それらが複合的にかかわりあっているか，結論を出し支援につなげていくことになります。そのために家族背景，生活背景，学校や放課後等児童デイサービスでの状況など詳細な情報収集，診察，心理検査をはじめとした認知・行動発達を評価するための検査を実施します。発達障害は診断基準において「社会的な生活で支障をきたす」と決められているように，根本において個人と社会との関係における障がいです。したがって支援は生活モデル・社会モデルが基本になります。ときに適切な薬物療法が重要な戦略の一つになる場合もありますが，家庭，学校，地域社会など個人を取り巻く環境へのアプローチは必須です。教育現場との密接な連携が求められる所以です。

c. てんかんにおける医療と教育との連携

てんかんの有病率は人口の 0.5% から 1% で多くはありませんが，知的障害や脳性麻痺の子どもたち，重症心身障害児においてはその比率は高くなります(パワポ 111)。正確な診断と治療のためにはてんかん発作中の脳波検査が最も重要ですが，稀にしか発作をきたさない子どもたちの場合には実際は困難で

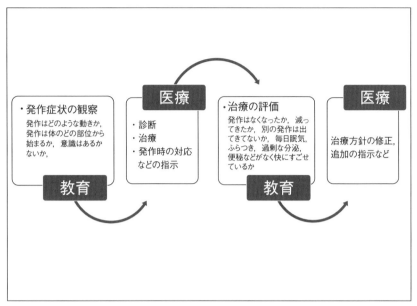

パワポ111　てんかんにおける医療と教育の連携モデル

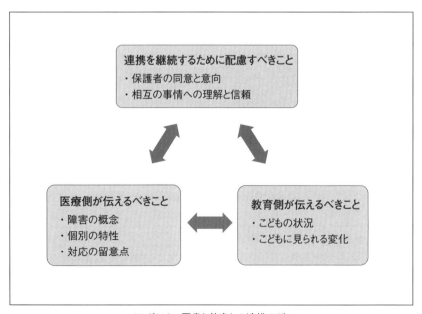

パワポ112　医療と教育との連携モデル

す。この検査と同様に重要なのが発作の様子の詳細な観察です。発作の多くは家庭か保育園・学校で起こるため教育現場からの情報提供が大切です。

　二つ目に治療の評価です。治療の目標は発作がなくなり，かつ副作用がない状態が続くことです。実際の治療場面では最初に選択した薬剤で発作が消失しなければ治療を変更していきます。一方で副作用としてしんどそう，眠たそう，いらいらする，など不快な状態が続いていれば方針変更が必要となります。こうした治療の評価について教育現場からの情報が極めて大切です。

　三つ目は教室などで発作を起こした時の対応についてです。原則は発作時の対応につき主治医から指示を得ておくことが前提です。一般的に言えば危険な発作なのかそうでないのかという点が対応の基本になります。危険な発作とは事故につながる転倒，誤嚥を伴うか，重積(30分以上止まらないけいれん発作)の可能性があるかの二点です。生命にかかわるてんかん発作を放置しておくことはできませんが，一方ではその可能性がない場合にまで過度な制限をすることは不適切な対応です。主治医との情報交換が必要です。

（3）ま と め

　医療と教育との連携に関して医療の側からは，子どもの持つ障害の概念と，それを踏まえたうえでその子の個別性と具体的な支援について情報を伝えます（パワポ112）。教育現場からはその子の毎日の姿について情報を医療側に提供していただくことが大切で，この情報に対して医療側が次の判断を示す，この継続が医療と教育の連携です。連携がうまく継続していく留意点としてはご家族の同意を得たうえで，ご家族の意向を十分に配慮することはほぼ必須条件となります。また互いに多忙な現場に身を置く当事者同士として相手側への配慮と信頼が大切で，面談時間の配慮など連携を有効に進めていくうえでのルールは考慮する必要があります。

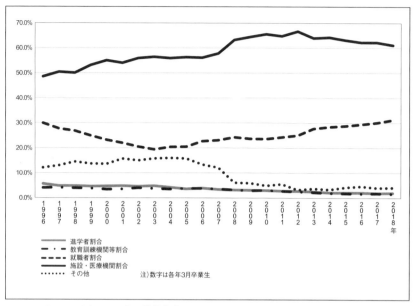

パワポ113　障害のある人の学校卒業後の進路
（文部科学省「学校基本調査」「特別支援教育資料」の各年度版をもとに作成）

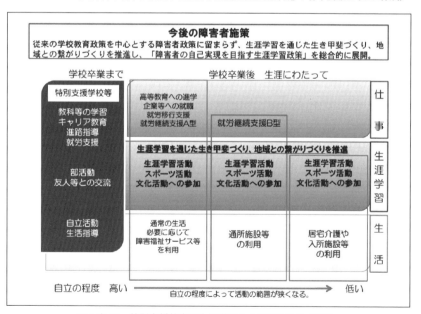

パワポ114　特別支援教育の生涯学習化（文部科学省, 2016）

4-5　生涯学習支援

（1）学校教育を終えた後

　障害のある子どもの教育は，主に就学前（幼稚園），義務教育（小・中学校の通常学級と特別支援学級），後期中等教育（高等学校），そして特別支援学校（幼稚部・小学部・中学部・高等部）で行われています。しかし，障害のある人は，18歳で学校教育を終えることが多く，卒業後の学びの機会は限られています（パワポ113）。そのために，卒業後は，生活の場（家庭・入所施設など）と働く場（企業・通所施設など）をただ往復する日々ということも少なくありません。学校に通っていた時は放課後活動の場があったのに，社会に出ると仕事外の時間を過ごす場が無いという声がよく聞かれます。一般の人たちには，趣味の活動やサークル，カルチャースクールや公民館等での講座などがありますが，障害のある人には，そのような機会がなく，またあってもその場へアクセスするための支援が欠けているということがあります。障害のある子どもの教育が「特別支援教育」として充実してきているものの，卒業後は教育制度から福祉制度へ移行し，教育行政としてはほとんど関与してきませんでした。

（2）生涯学習政策への転換

　2016年12月，文部科学省は「文部科学省が所管する分野における障害者施策の意識改革と抜本的な拡充〜学校教育政策から『生涯学習』政策へ〜」と題した報告をしました（文部科学省,2016）。これは，国の教育行政が障害のある人の「生涯学習」を政策として取り組む姿勢を示した，画期的な転換を意味します（パワポ114）。「学校教育政策から『生涯学習』政策へ」ということは，障害のある大人の活動も含めて，教育行政が果たす責務を明確に宣言したとも言えます。2017年度より文部科学省生涯学習政策局（2018年度〜総合教育政策局）に「障害者学習支援推進室」が設置され，障害者の生涯学習推進に関わる予算確保や政策の検討が始まりました。2018年度からは，「障害者の多様な学習活動を総合的に支援するための実践研究」事業が開始され，2019年3月には「学校卒業後における障害者の学びの推進に関する有識者会議」による報告「障害者の生涯学習の推進方策について―誰もが，障害の有無にかかわらず共に学び，生きる共生社会を目指して―」がまとめられました（國本，2019b）。

	学習活動	

※ここでは図として扱う。

	大学等進学率	専修学校進学率	就職率
高等学校	54.8 %	15.9 %	17.5 %
特別支援学校	2.0 %	0.2 %	31.2 %
視覚障害	31.0 %	0.3 %	16.2 %
聴覚障害	39.2 %	1.6 %	39.0 %
知的障害	0.4 %	0.1 %	34.0 %
肢体不自由	2.3 %	0.7 %	6.0 %
病弱・身体虚弱	6.8 %	2.5 %	19.7 %

パワポ115　障害のある人の生涯学習

パワポ116　2018年3月卒業者の進路（「学校基本調査」をもとに作成）

（3）生涯学習支援の実践例

　障害のある人の生涯学習に関わる活動として，これまで障害者青年学級，オープン・カレッジ，大学公開講座，文化芸術・スポーツ活動，福祉型専攻科・学びの作業所などが知られてきました（パワポ115）。

a. 障害者青年学級

　青年学級は，働く人を対象に実際生活に必要な職業又は家事に関する知識及び技能の習得，一般的教養を向上させることを目的に，社会教育領域で盛んに行われてきました。青年学級振興法（1953年）により，市町村を単位とした行政区域で活動を支える財政保障も存在した時代がありますが，1999年にこの法律は廃止されました。障害のある人を対象とした形では，「障害者青年学級」として各地で取り組まれています。実施主体によって，行政が実施するもの，特別支援学校の同窓会や福祉施設で取り組むものなどの違いがあります。

　その歴史は，1964年に開設された東京都墨田区の「すみだ教室」が始まりだとされます（小林，2010）。その後，各地で障害者青年学級が誕生する中で，社会教育事業として公民館などを会場としたものが増えていきました。特に東京都の三多摩地域では，町田市や国立市などが現在でも公民館などを中心にしながら継続して取り組んでいます。

　障害者青年学級が果たす役割は，単に知識・技能の習得，一般的教養の向上に留まりません。「ほっとする」「悩みが相談できる」「いつも励ましてくれる」など，青年学級での活動を通して障害のある青年にとっての精神的な支えとして受け止められています（山﨑，2001；小畑，2016）。

b. オープン・カレッジ，大学公開講座

　文部科学省の「学校基本調査」によると，知的障害のある人の大学等への進学は0.4%と，他の障害種に比べて非常に低い割合です（2018年3月卒業生，パワポ116）。海外では，知的障害のある人が高等教育機関で学ぶ機会が設けられている中，わが国でもその必要性が以前から言われてきました。

　1998年の大阪府立大学を起点に「知的障害のある人のためのオープン・カレッジ」の取り組みが開始され，各地に広がりました。オープン・カレッジの理念は，①知的障害がある人の人権（教育）の保障，②知的障害がある人の発達（変化）の保障，③地域社会に対する大学の役割の変革・創造（後に，大学の貢献），という3つが掲げられています。1999年には全国オープン・カレッジ研究協議会が組織され，実践を理論化するための体制も整えられていきます（建部・安原，2001）。講座内容は，受講者の生活課題から導き出されたニーズと

児童又は生徒が，学校教育を通じて身に付けた知識及び技能を活用し，もてる能力を最大限伸ばすことができるよう，生涯学習への意欲を高めるとともに，社会教育その他様々な学習機会に関する情報の提供に努めること。また，生涯を通じてスポーツや芸術文化活動に親しみ，豊かな生活を営むことができるよう，地域のスポーツ団体，文化芸術団体及び障害者福祉団体等と連携し，多様なスポーツや文化芸術活動を体験することができるよう配慮すること。

パワポ117　学習指導要領における生涯学習の要求（文部科学省, 2017）

学校教育法第1条に規定される学校のうち，高等学校・中等教育学校・大学（短期大学を含む）・高等専門学校といった教育機関に設置することが可能なもの。

対象者は，当該種の学校を卒業もしくはそれと同等以上の学力を有する者などで，「精深な程度において，特別の事項を教授し，その研究を指導すること」を目的とし，1年以上の修業年限を設定。

特別支援学校においては，同法第58条における高等学校での専攻科・別科に関する設置条項に基づき，第82条の準用規定によって，それぞれの高等部に設置することが可能。

パワポ118　専攻科とは

学問を結び付け，社会福祉学，経済学，健康科学など多彩に設定されました。また，本人活動を位置付けたり，地域独自科目を設けたりするなど，各地でユニークな試みも取り入れられました（國本・谷垣・黒多，2002）。

　このようなオープン・カレッジの動きに先行して，1995年，東京学芸大学の市民公開講座として，知的障害のある人を対象とした講座「自分を知り，社会を学ぶ」が開始されました（松矢・養護学校進路指導研究会，2004）。2006年には東京学芸大学を離れ，「いっしょに学び，ともに生きる」をテーマに「オープンカレッジ東京」に名称を改めています。

　オープン・カレッジや大学公開講座は，知的障害のある人にとって大学等の高等教育機関が果たす役割を模索するとともに，大学で知的障害のある人が学ぶという実践の提起としても理解されます。2019年3月の文部科学省有識者会議報告では，「各ライフステージにおいて求められる学び」の一つとして挙げられ，今後はその取り組みを一層充実させていくことが期待されています。

c.　文化芸術・スポーツ活動

　「生涯学習」には，文化芸術・スポーツ活動も含まれます。これらの活動における学びも，広く「生涯学習」として位置づけられているからです（パワポ117）。

　障害のある人の文化芸術活動は，非常に多岐にわたります。音楽・ダンス・演劇などのパフォーマンスによるものや，絵画・造形・書道などの作品制作によるものなどです。これらの活動を通して，障害のある人が生きがいや自信をもち，自立や社会参加を促進していくことが目指されています。2018年，文化芸術基本法や障害者基本法の理念に則って「障害者による文化芸術活動の推進に関する法律」が制定・施行され，国に基本計画を義務づけ，地方行政には推進計画の策定に努めることを求めています。

　スポーツ活動は，障害のある人も参加する形にアレンジされたものや，障害のある人のために開発されたものなど，種目も多様に存在します。また，障害種別にパラリンピック（身体障害他），デフリンピック（聴覚障害），スペシャルオリンピックス（知的障害）などの競技大会があります。

　2017年に告示された「特別支援学校学習指導要領」では，特別支援学校は生涯学習に関わる社会教育やさまざまな学習機会に関する情報提供の他に，「生涯を通じてスポーツや芸術文化活動に親しみ，豊かな生活を営むことができる」ため，「地域のスポーツ団体，文化芸術団体及び障害者福祉団体等と連携し，多様なスポーツや文化芸術活動を体験することができるよう配慮」する

学　校　名	所在地	特　色	修業年限
いずみ高等支援学校	宮城県	家庭科を中心に女子のみの高等部単置校。家庭科中心の教育課程。	2年
光の村養護学校・土佐自然学園	高知県	中学部、高等部、専攻科の8年制。技術教育をめざした教育課程。	2年
旭出学園	東京都	生産人の自覚を持って心豊かな生活ができる人をめざす教育課程。	3年
聖坂養護学校	神奈川県	感性豊かな青年期前期の5年制高等部としての教育課程。	2年
若葉高等学園	群馬県	高等部単置校。広大な自然環境を生かした実践の模索（作業中心の教育課程）。研修科を設置。	2年
聖母の家学園	三重県	ゆったりとした時の中で人間性の完成をめざす教育課程。	4年
三愛学舎	岩手県	高等部単置校。調和のとれた人間性の育成と卒業後の社会生活へのスムーズな移行をめざした教育課程。	2年
鳥取大学附属特別支援学校	鳥取県	自分づくりを基調とし,社会生活力を高め,自立した社会生活への移行をめざした教育課程。	2年
光の村養護学校・秩父自然学園	埼玉県	2008年度設置。土佐自然学園と同じ。	2年

パワポ119　専攻科を設置する知的障害特別支援学校

自立訓練事業　（障害者総合支援法第5条第13項）

　障害者につき，自立した日常生活又は社会生活を営むことができるよう，（中略），身体機能又は生活能力の向上のために必要な訓練その他の厚生労働省令で定める便宜を供与すること

生活訓練　（障害者総合支援法施行規則第6条の7第2項）

　知的障害者（略）又は精神障害者（略）につき，障害者支援施設若しくはサービス事業所又は当該知的障害者若しくは精神障害者の居宅において行う入浴，排せつ及び食事等に関する自立した日常生活を営むために必要な訓練，生活等に関する相談及び助言その他の必要な支援

パワポ120　自立訓練事業（生活訓練）

ことが求められることになりました(文部科学省,2017)。

d. 福祉型専攻科

知的障害のある子どもを対象とした特別支援学校には,高等部専攻科を設ける学校が国立大附属校や私立学校で存在しています(パワポ118)。18歳で学校教育を終えるのではなく,継続して2〜4年間学ぶことができる課程です。知的障害のある人が大学で学ぶ機会が少ない中,学びのニーズを受け止める場として「専攻科」の設置を求める声が高まっています(國本,2018)。

しかし,公立の特別支援学校での専攻科設置は,特に知的障害を対象とした学校では皆無です(パワポ119)。そこで,障害者総合支援法の自立訓練事業(生活訓練)(パワポ120)を活用し,「福祉型専攻科」と称して,福祉サービスによる「専攻科」型の学びの場が作られていくようになりました。自立訓練事業は,「自立した日常生活又は社会生活を営む」ために,「身体機能又は生活能力の向上のために必要な訓練」を施すことが目的になっています(國本,2019a)。青年期は,「学校から社会へ」「子どもから大人へ」という二重の移行が課題になります。障害があるからこそ,ゆっくり丁寧にその課題に向き合い支援していくことが必要だとされています。決して18歳でその教育を区切ることなく,必要に応じて教育の時間が延長・確保される場としての「専攻科」では,二重の移行支援を青年期の発達課題にふさわしい青年期教育が実践されています。その教育の中身を,福祉サービスの形で実践していることから,「福祉型専攻科」と表現するようになりました。「福祉型専攻科」の多くは自立訓練事業(2年)に依拠していますが,さらに就労移行支援事業(2年)を組み合わせて,「福祉型大学」の取り組みを行う事業所も存在しています。また,法定外(無認可)の位置づけで大学(校)づくりも行われています。障害の有無にかかわらず,希望すれば誰もが大学教育へアクセスしたり,社会への移行までの猶予期間が保障される学びの場が増えるたりしていることは,国連・障害者権利条約(2014年日本国批准)が規定する一般原則(無差別,機会均等など)に照らしても当然なことだと言えます。

日本国憲法第26条「教育を受ける権利」は,学校教育だけで完結するのではなく,障害の有無にかかわらず,生涯にわたり,あらゆる機会にあらゆる場所で保障されなければなりません。

コラム7 個別の教育支援計画（具体例）

（通常の学級在籍用）
個 別 の 教 育 支 援 計 画 　　　㊙

1 本人のプロフィール　　　　　　　　　　　令和〇年〇月〇日作成

ふりがな	〇〇 〇〇	学校名	〇〇〇〇 小学校		
氏名	〇〇 〇〇	性別	学年	生年月日	
		〇	〇年	平成〇年〇月〇日	
住所	〒〇〇〇-〇〇〇〇　　〇〇〇〇…… TEL（〇〇〇〇）〇〇-〇〇〇〇				
入学前の様子	・　年〜　年　保育所。おもちゃの貸し借りや約束が理解できず友達とうまく遊べない。 ・　年　教育相談にて，通常の学級に在籍することを決める。				
診断及び諸検査等の記録	診断名【4才の時「自閉症」と診断される。〈〇〇市民病院・〇〇医師〉】 検査の種類【知能検査】数研式　検査の結果[IQ 偏差値 35] 検査月日[〇〇年〇〇月〇〇日]【特記事項】集中力が続かない。				

2 合理的配慮

項目	合理的配慮	見直し
学習上又は生活上の困難を改善・克服するための配慮	1時間の授業の流れを事前にメモ用紙に書いて手渡す。（ / ）	次年度も継続する。一日の流れも一緒に分かるように工夫する。（ / ）
専門性のある指導体制の整備	気持ちがコントロールできるように通級による指導で自立活動を行う。（ / ）	通級による指導の回数を週2回行えるよう調整する。（ / ）

3 支援の計画

卒業後の進路希望	本人	・工業系の高等学校に進学したい。	
	保護者	・高等学校に進学し，一般就労させたい。	
関係機関との連携	連携機関	支援内容や所見	連絡先
	〇〇大学附属病院	年2回検診	〇〇科〇〇医師
次年度への引継ぎ	・文字を丁寧に書くことや落ち着いて授業を受けることができるよう通級による指導を継続して行うとともに，通級指導教室担当教員とも連携を深めていく。 ・担当医と連絡を取り，学校での様子を伝え助言をもらう。		

保護者の確認 〇〇年〇〇月〇〇日　　　　保護者氏名 〇〇 〇〇
引継ぎの確認 〇〇年〇〇月〇〇日　　　　保護者氏名 〇〇 〇〇

（引用）愛知県教育委員会特別支援教育課『小・中学校「個別の教育支援計画」作成ガイドブック』

第**5**章　人権としての特別支援教育

　　特別支援教育をめぐる今日の国際的・国内的なバックボーン
は「障害者権利条約」と「障害者差別禁止法」にもとづく人権
としての教育にあります。ここでは，わが国の特別支援教育の
歴史を辿ります。また，特別支援教育の先進国であるアメリカ
とイギリス，また，近隣アジアの韓国とベトナムの特別支援教
育の現状について見ることにします。

日本初の京都盲唖院（1878年開校）　　東京築地の楽善会訓盲院（1880年開校）

＊「京都市立盲唖院之図」（明治30年代）より

パワポ121　京都盲唖院と楽善会訓盲院

（1908年の創立10周年記念写真）

パワポ122　長崎慈善会経営の私立長崎盲唖学校

5-1　特別支援教育の歴史と今後 ————————————

　近現代の世界と日本の障害者教育の歴史は，大まかに見ると 3 段階に区別して把握することができます。
- ○ **第 1 段階**：ほぼ 19 世紀までの義務教育制度成立前における私的事業中心の段階（第 1 期・2 期）
- ○ **第 2 段階**：ほぼ 20 世紀（1980 年前後まで）の時代で一般の義務教育制度の確立を基盤にして，その一環として分離別学方式で公的に整備されていく段階（第 3 期・4 期／第 5 期・6 期・7 期）
- ○ **第 3 段階**：1981 年の国際障害者年以降，様々な統合・共生思想（ノーマライゼーション，インクルージョン等）の影響を受けて，分離から統合へ，障害に応じる教育から特別なニーズに応じる教育への転換の段階（第 8 期〜現在）

　① **第 1 期**（1866〜1889 年）（パワポ 121）
　第 1 期は，障害児教育をめぐる 2 つの道が存在した明治前期です。言い換えると，大日本帝国憲法発布（1889＝明治 22 年）以前の「近代」国家形成期において明治維新期の啓蒙思想や自由民権思想の影響を受けて「文明開化」（近代化）の証左として欧米先進国のように障害児教育を積極的に振興していこうとする流れ（京都盲唖院や東京の楽善会訓盲院の開設）と，逆にその振興に否定的な流れとが攻めぎ合い，結果として後者の消極的対応が支配的となっていく時期です。
　② **第 2 期**（1890〜1918 年）（パワポ 122）
　第 2 期は，日露戦争（1904〜05 年）を境に慈善主義が徹底していく前半期（私立の「盲唖学校」の普及）とその批判的克服が志向される後半期（私立の公立化）に分けて把握することができます。全体的に見ると，結局，障害児の教育に対する政府の放任政策（就学猶予・免除制度の下，民間の慈善救済事業に委ねる政策）が支配・貫徹したところに基本的特徴がある時期です。また後期には義務教育の就学率の上昇と就学年限延長（4 年制→ 6 年制）に伴う学力向上の内部矛盾から「特別学級」が設置され，短命に終わりましたが「心身ノ発育不完全ナル児童」の分離教育が開始されました。
　③ **第 3 期**（1919〜30 年）（パワポ 123）
　第一次世界大戦後の大正デモクラシーが高揚する中，民族衛生（社会防衛）的

法　令	就学義務の猶予	就学義務の免除
第一次小学校令 （1886年4月）	事由：疾病，家計困窮， 其他止ムヲ得サル事故 （府知事県令の許可）	なし
第二次小学校令 （1890年10月）	事由：貧窮，疾病，其他止ムヲ得サル事故 （監督官庁の許可を受けて市町村長が）	
第三次小学校令 （1900年8月）	事由：病弱又は発育不完全 事由：保護者ノ貧窮 （いずれも監督官庁の許可を受けて市町村長が）	事由：瘋癲白痴又ハ不具 廃疾
国民学校令 （1941年3月）	事由：病弱，発育不完全 其ノ他己ムヲ得サル事由 （市町村長は地方長官に 報告）	事由：瘋癲白痴，不具 廃疾 （地方長官の許可を受け て市町村長が）
学校教育法 （1947年3月）	事由：病弱，発育不完全その他やむを得ない事由 （監督庁の定める規程により，都道府県教委の認可 を受けて市町村教委が）	

パワポ123　就学義務の猶予・免除規定の変遷

東京市の旧貧民学校（絶江小→新堀小）の校舎を利用

パワポ124　1932年開校当時の光明学校（麻布校舎）

見地と能率主義に基づく社会改造・教育改造の新思潮の影響を受けて，1919
(大正8)年から政府の放任政策が転換し，文部省の学校衛生・社会教育行政を
中心に「特殊児童」の保護・教育策が積極的に推進され，特に盲・聾教育界で
は教育要求運動が活発化しました。その結果，都市部の小学校における「特別
学級」の設置(1923年全国調査で463学級)　や「盲学校及聾唖学校令」
(1923年)の制定による盲・聾分離と公立化の促進など「特殊教育」が大きく
前進していった時期です。

　④　**第4期**(1931〜1945年)(パワポ124)

　第4期は，満州事変から終戦までの時期で，1937年7月の日中戦争勃発を
境に前半期と後半期に区分できます。前半期は，準戦時体制化が進行する中，
プロレタリアートの視点を鮮明にした主張(本庄睦男など)が登場し，また「教
育の機会均等」を理念とする大正デモクラシー的要素を残存させた「特殊教
育」振興策も存続して一定の前進(1932年：日本初の公立肢体不自由学校＝東
京市立光明学校設立など)が成し遂げられる時期です。しかし，後半期では，
国民精神総動員運動をはじめとするファシズム化・総力戦体制化の国策が本格
的に波及して「特殊教育」界でも「皇国民錬成」の教育が徹底し，やがて戦争
の激化とともに教員の応召・空襲・原爆等により「特殊教育」がほぼ壊滅し
て，終戦(敗戦)を迎える時期です。

　総じて第4期は，「特殊教育」の発展(盲・聾児就学義務制実現等)が押し止
められ，停滞と破壊が進行した時期です。

　⑤　**第5期**(1945〜1951年)(パワポ125)

　第5期は，終戦からサンフランシスコ講和条約までの戦後改革期(占領期)

　で，「特殊教育」(＝盲・聾教育)の再建を目指して力強い教育権保障運動が
展開され，新憲法(現行日本国憲法)の理念を受けて教育基本法・学校教育法の
制定過程に特殊教育(特に聾教育)関係者が積極的に参画して学校教育法の第六
章に「特殊教育」を制度化することに成功し，さらに1948年度から宿願の
盲・聾教育の義務制(逐年進行)を実現させるなど，その後の「特殊教育」振興
の法制度的な基盤を形成した時期です。

　⑥　**第6期**(1952〜1967年)(パワポ126)

　第6期は，勤務評定・安保条約改定等(1958〜60年)をめぐる激しい政治的
対立の時期を境に前半期と後半期に分けてとらえることができます。　前半期
は，第5期と連続過程にあり，戦前から続く「特殊教育」不振の克服期であ
り，憲法理念の下，「特殊教育」界が大同団結して「特殊教育」の振興を求め

崩壊前（1935年新築〜1945年）　　　原爆投下（1945年8月9日）により壊滅

パワポ125　長崎原爆で壊滅した長崎県立盲学校・聾唖学校

1950年 佐々町・口石小特殊学級（みどり組）　　　1953年，のぎく寮（私立生活施設）開設
知的障害児教育実践を開始

パワポ126　近藤益雄による一人一人の「人間のねうち」を高める「特殊教育」の創造

て要求運動を展開し，「盲学校，聾学校及び養護学校への就学奨励に関する法律」（1954 年）や「公立養護学校整備特別措置法」（1956 年）が制定されていく時期です。

　前半期から後半期への転換の契機となった勤評・学テ・安保問題をめぐる政治的対立によって「特殊教育」界の蜜月時代は終わり，後半期では冷戦構造（米ソ対立）を反映した文部省（政策側：改憲）対日教組（運動側：護憲）という対立の構図が「特殊教育」界にも生起しました。1960 年以降は，高度経済成長政策・能力主義教育政策と連動した「特殊教育」振興策の展開とその矛盾（限界性）が顕在化し，その克服をめざす用語として「障害児教育」が登場し，深められていく時期です。

　⑦　**第 7 期**（1967〜1979 年）（パワポ 127）
　第 7 期は，第 6 期（後半期）の経済発展の政策に従属した「特殊教育」振興策の限界（教育対象を職業自立可能な「特殊児童」に限定し，それ以外を教育対象から除外する問題性）を克服すべく登場した「権利としての障害児教育」の理論と実践・運動の展開により，憲法・教育基本法の発展的解釈に基づいた文字どおりすべての障害児に「教育を受ける権利」を保障する障害児教育義務制が養護学校義務制実施（1979 年）を通して実現した時期です。

　この義務制実現には，糸賀一雄（近江学園長）が『福祉の思想』（1968 年）
　で提起した「この子らに世の光を」ではなく「この子らを世の光に」という「発達保障の考え方」が映画「夜明け前の子どもたち」と共に重要な啓発的役割を果たしました。糸賀は，①どんなに障害が重くとも「この子ら」も「個性的な自己実現」をしている「立派な生産者」であること，②さらに「もうひとつ別な新しい生産活動」として，①の「生産的生活」が存在することによって「社会が開眼され，思想の変革までが生産されようとしている」こと，この 2 つの生産性を有する「立派な生産者」であるという障害者理解のためには「この子たちをみる私たちの眼がどのように育つか」が課題解決の鍵となることを指摘しました。

　⑧　**第 8 期**（1980 年代〜現在）（パワポ 128）
　臨調・行革の民営化路線（1980 年代）やその継承である新自由主義改革（特に1990 年代後半以降）が推進されるなか，障害者の権利宣言（1975 年）を具体化する国際障害者年（1981 年），国連障害者の十年（1983〜92 年），アジア太平洋障害者の十年（1993〜2002 年），第二次アジア太平洋障害者の十年（2003〜2012年），同三次（2013〜2022 年）を貫徹する「完全参加と平等」の理念や「共生社

療育記録映画『夜明け前の子どもたち』（1968年公開）

　「わからないことが多すぎる。しかし，この子どもたちも，人に生まれて人間になるための発達の道筋を歩んでいることにはかわりない。そう考える人たちがいる。障害を受けている子どもたちから発達する権利を奪ってはならない。どんなにわからないことが多くても，どんなに歩みが遅くても，社会がこの権利を保障しなくてはならない。そう考える人たちがいる。」（映画冒頭のナレーションより）

　「しかしあえて言おう。この子どもたちこそ私たちみんなの発達の道筋のたえず一歩前を歩き進む導き手なのだ。障害を受けている子どもの発達が正しく保障される時，社会全体が健康になっていく体質が出来るのだし，その逆も成立するのだ。ここは未知へ向かう始発駅。（療育者は子どもの変化・発達）に何かを期待し作り出そうとする意志でたえず自分を発達的に解き放っていかなければならない。」（映画最終のシモちゃんが笑った直前のナレーションより）

パワポ127　障害児の教育権保障運動と養護学校義務制実施

障害者の権利条約（第24条-1 教育の目的）

国際障害者年のシンボルマーク

＜完全参加と平等＞

1. 締約国は，教育についての障害者の権利を認める。締約国は，この権利を差別なしに，かつ，機会の均等を基礎として実現するため，障害者を包容するあらゆる段階の教育制度及び生涯学習を確保する。当該教育制度及び生涯学習は，次のことを目的とする。
   (a) 人間の潜在能力並びに尊厳及び自己の価値についての意識を十分に発達させ，並びに人権，基本的自由及び人間の多様性の尊重を強化すること。
   (b) 障害者が，その人格，才能及び創造力並びに精神的及び身体的な能力をその可能な最大限度まで発達させること。
   (c) 障害者が自由な社会に効果的に参加することを可能とすること。

（日本政府公定訳より）

パワポ128　「完全参加と平等」をめざして

会」の実現に向けて障害者関係諸団体が各々の歴史・思想(考え方)・運動(取り組み方)の違いを超えて協議・協同しながら，障害者の権利保障運動を推し進め，それと連動して教育権保障の在り方も権利の無差別平等と統合・包容(インテグレーション→インクルージョン)を原則に，義務教育段階の前・後の教育(就学前教育・後期中等教育・生涯学習等)を拡充しつつ，一人ひとりの特別な教育的ニーズに応じた教育(特殊教育から特別支援教育，さらに特別ニーズ教育への転換を通してインクルーシブ教育)を創造・開拓していこうとしている時期です。

〈特別支援教育の今後〉

　特別支援教育は，障害に起因する特別なニーズに対応する教育として出発しましたが，今後は障害者権利条約(2014年批准)に依拠しつつ，障害に起因しない特別なニーズを有する子どもの教育を含む特別ニーズ教育(special needs education)に発展していかなければなりません。そのためには，すべての子ども一人ひとりの教育的ニーズに対応できる学校教育の創造・変革が不可欠です。障害者の教育としては，今後も権利性・系統性・総合性・合理性を原則にして，障害の早期発見・治療・療育と障害乳幼児の保育・教育・就学支援の充実，特別支援学校・特別支援学級の整備と教職員の専門性の向上，交流及び共同学習と障害理解教育の推進をはじめ通常の学校・学級に在籍する障害児の特別なニーズに応ずる特別なケアをも包括した特別支援教育の充実が求められます。

1975 年　全障害児教育法

　(Education for All Handicapped Children Act of 1975, P.L.94-142)

① 3 歳から 21 歳までのすべての障害児者への「無償で適切な公教育
　(Free Appropriate Public Education: FAPE)」の提供
②「無償で適切な公教育」を確保する方法としての「個別教育計画
　(Individualized Education Program: IEP)」の作成義務
③「最も制約の少ない環境 (Least Restrictive Environment: LRE)」
　における教育の提供
④ 意思決定における親や生徒の参加

パワポ129　アメリカにおける障害児教育政策の歴史的展開①

1986 年　同法修正
　① FAPE の対象が 0 歳から 2 歳にまで拡大
　②「個別家族計画 (Individualized Family Service Plan: IFSP)」の
　　作成義務
1990 年「個別障害者教育法 (Individuals with Disabilities Education Act,
　P.L.101-476)」
14 歳以上の障害児者に対し，IEP の中に「個別移行計画 (Individualized
　Transition Plan: ITP)」の作成義務
2004 年「個別障害者教育改善法 (Individuals with Disabilities Education
　Improvement Act, P.L.108-446)」
障害児者が可能な限り通常学校・通常学級で教育を受けられることをより
一層目指す

パワポ130　アメリカにおける障害児教育政策の歴史的展開②

5-2　国際的動向 ────────────────

（1）アメリカ

a. 障害児教育政策の歴史的展開

　アメリカにおける障害児教育の制度的な枠組みは，1975 年の「全障害児教育法」に基づいています。同法の主たる特徴としては，① 3 歳から 21 歳までのすべての障害児者への「無償で適切な公教育」（FAPE）の提供，②「無償で適切な公教育」を確保する方法としての「個別教育計画」（IEP）の作成義務，③「最も制約の少ない環境」（LRE）における教育の提供，④ 意思決定における親や生徒の参加，があります（パワポ 129）。

　IEP では，親の承認の下，専門家による総合的な評価を基礎として，障害児者に「特別教育（Special Education）と関連サービス（Related Services）」が提供されるようになっています。「特別教育」とは，親の費用負担なく，障害のある子どものニーズを満たすために特別に計画された指導を指し，学校内・病院・施設などにおける指導や体育教育を指します。「関連サービス」とは，障害のある子どもが特別教育から利益を得るために求められる支援サービスを指し，心理学的サービス，作業療法，理学療法などがあります。

　「最も制約の少ない環境」（LRE）における教育の提供とは，障害のある子どもも可能な限り最大限，障害のない子どもと共に教育せねばならないとする原則であり，障害のある子どもを通常の教育環境に近づけ，その教育の場は特別学校・特別学級から，通常学級とリソースルームの指導へと移行しています。

　1986 年の同法の修正では FAPE の対象が 0 歳から 2 歳にまで拡大され，「個別家族計画」（IFSP）の作成により，障害のある子どもと家族に対して障害の早期発見と支援がなされるようになりました（パワポ 130）。続いて，1990 年には「個別障害者教育法」に修正され，障害児が青年期にスムーズに移行できるように，14 歳以上の障害児者に対して，IEP の中に「個別移行計画」（ITP）が盛り込まれ，高等教育，就労，自立生活，余暇などについても記載されています。一連の修正を経て，乳幼児期から青年期に渡る一貫した支援が提供されることになりました。

　同法は，2004 年に「個別障害者教育改善法」に修正され，障害児者が可能な限り通常学校・通常学級で教育を受けられることがより一層目指されており，インクルーシブ教育が志向されています。

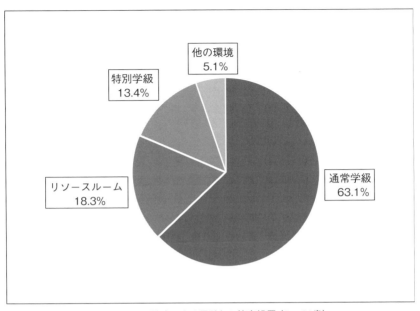

パワポ131　障害のある子どもの教育措置（6～21歳）
（U.S. Department of Education, 2018をもとに作成）

障害カテゴリー	通常学級	リソースルーム	特別学級	他の環境
言語障害	87.0	5.1	4.2	3.7
特異的学習障害	70.8	22.2	5.2	1.8
知的障害	17.0	26.3	49.4	7.3
重複障害	13.7	16.8	45.5	24.0

(%)

パワポ132　障害カテゴリー別の子どもの教育措置
（U.S. Department of Education, 2018をもとに作成）

b. 障害カテゴリーと障害のある子どもの教育措置

　アメリカにおける障害カテゴリーには，自閉症，盲聾，情緒障害，聴覚障害，知的障害，重複障害，運動障害，その他の健康障害，特異的学習障害，言語障害，外傷性脳損傷，視覚障害があります。2016年のデータによると，6歳から21歳までの全人口の8.8%にこれらの障害があるとされています。

　そして，これらの障害のある子どもたちの教育措置(6〜21歳)は，以下の6種類に分けられます。①「**通常学級**」は，通常学級において教育の大部分を受け，授業日の21%未満の時間を通常学級外で「特別教育と関連サービス」を受ける，②「**リソースルーム**」は，少なくとも授業日の21%以上60%未満の時間を通常学級外で「特別教育と関連サービス」を受ける，③「**特別学級**」は，授業日の60%以上の時間を通常学級外で「特別教育と関連サービス」を受ける，④「**特別学校**」は，授業日の50%以上の時間を障害のある子どものための通学制特別学校において「特別教育と関連サービス」を受ける，⑤「**寄宿制施設**」は，授業日の50%以上の時間を寄宿制施設で「特別教育と関連サービス」を受ける，⑥「**家庭または病院**」は，家庭または病院において「特別教育と関連サービス」を受ける。これらの教育措置は，「教育サービスの連続体」として捉えられており，子どものニーズに応じて移行でき，障害のある子どもを通常の教育環境に近づけることが目指されています。

c. 障害のある子どもの現状

　パワポ131は「障害のある子どもの教育措置(6〜21歳)」の比率であり，「通常学級」(63.1%)，「リソースルーム」(18.3%)，「特別学級」(13.4%)，「他の環境」(5.1%)となっています。「他の環境」は，「特別学校」(2.9%)，「家庭または病院」(0.4%)，「寄宿制施設」(0.3%)，等となっています。「通常学級」と「リソースルーム」で計80%以上になることからわかるように，LREの原則に基づいて，障害児者が可能な限り他の子どもと同じ環境で教育を受けられるようになっています。

　しかしながら，障害カテゴリー間の格差も見られます。パワポ132は「障害カテゴリー別の子どもの教育措置」の比率ですが，通常学級措置の「言語障害」の子どもは87.0%，「特異的学習障害」は70.8%と高い措置率ですが，それに対して「知的障害」は17.0%，「重複障害」は13.7%と低くなっています。2008年には「高等教育機会法」(Higher Education Opportunity Act：HEOA, P.L.110-315)が施行され，知的障害者の大学進学を推進する試みが開始され，今後はこれらの格差を解消していく方向性にあります。

1978年障害児者教育調査委員会報告書（ウォーノック報告）発表

新概念「特別な教育的ニーズ (Special Educational Needs: SEN)」導入
の勧告

　　※　障害のある子どもだけではなく，学習に困難のある子どもにも支援対象が拡大

1981年教育法 (Education Act 1981)

　　① 従来の医学的な障害カテゴリーの廃止および SEN という新概念の導入

　　② SEN のある子どもの評価手続きとステイトメント（判定書）作成義務

　　③ 統合教育の原則

パワポ133　イギリスにおける障害児教育政策の歴史的展開①

1993年教育法 (Education Act 1993)

　　① 地方教育当局や学校理事会の実践上の指針である「実施要綱」の
　　　公布決定

　　② 学校方針である「SEN ポリシー」の作成義務

　　③「SEN ポリシー」を実施し，全体的な調整を行う「特別な教育的ニーズ
　　　コーディネーター (SENCO)」の配置義務

2001年特別な教育的ニーズおよび障害法

　(Special Educational Needs and Disability Act 2001)

　インクルーシブ教育の原則採用の明示

2014年子ども・家族法 (Children and Families Act 2014)

ステイトメント制度から EHC プラン (Education, Health and Care Plan)
への移行

パワポ134　イギリスにおける障害児教育政策の歴史的展開②

（2）イギリス

a. 障害児教育政策の歴史的展開

　イギリスでは，1978 年に「障害児者教育調査委員会報告書（ウォーノック報告）」が発表され，新概念「特別な教育的ニーズ（Special Educational Needs：SEN）」の導入という画期的な勧告がなされました。同報告を受け，「1981 年教育法」（Education Act 1981）が制定されました（パワポ 131）。

　同法の主たる特徴としては，①従来の医学的な障害カテゴリーの廃止および SEN という新概念の導入，② SEN のある子どもの評価手続きとステイトメント（判定書）の作成義務，③統合教育の原則，などがあります。

　従来は医学的な障害カテゴリーに基づいて，特別な教育的支援が提供されていましたが，SEN という新概念の導入により，特別な教育的支援を必要とする対象が拡大され，障害のある子どもだけではなく，環境要因などによって学習に困難のある子どもにも支援対象が拡大されました。そのため，地方教育当局に SEN のある子どもの評価手続きとステイトメント（判定書）の作成義務が課せられました。また，可能な限り通常学校で SEN のある子どもとない子どもを教育すべきであるとした統合教育を原則としています。

　その後，「1993 年教育法」（Education Act 1993）が制定され，より実践に配慮した内容が示されています（パワポ 132）。その主たる特徴としては，①地方教育当局や学校理事会の実践上の指針である「実施要綱」の交付決定，②学校方針である「SEN ポリシー」の作成義務，③「SEN ポリシー」を実施し，全体的な調整を行う「特別な教育的ニーズコーディネーター」（SENCO）の配置義務，などがあります。翌 1994 年に「実施要綱」が公表されています。

　続いて，「2001 年特別な教育的ニーズおよび障害法」（Special Educational Needs and Disability Act 2001）では，インクルーシブ教育の原則採用が明示され，翌 2001 年には「実施要綱」が改定され，「特別な教育的ニーズ実施要綱」が公表されました。同実施要綱では，従来のステイトメント方式が簡素化されました。

　近年の大きな改革としては，「2014 年子ども・家族法」（Children and Families Act 2014）の制定，新たな実施要綱「特別な教育的ニーズと障害に関する実施要綱：誕生から 25 歳まで」の公表があります。これにより，ステイトメント制度から「EHC プラン」に移行し，誕生から 25 歳まで教育・保健・ソーシャルケアに関する支援を含めた横断的な支援計画が立案されるようになりました。現在，SEN のある子どもは「EHC プラン」もしくは「SEN サポー

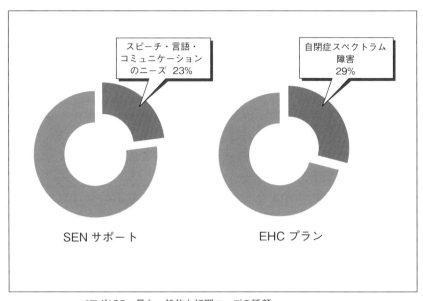

パワポ135　最も一般的な初期ニーズの種類
（Department for Education, 2019をもとに作成）

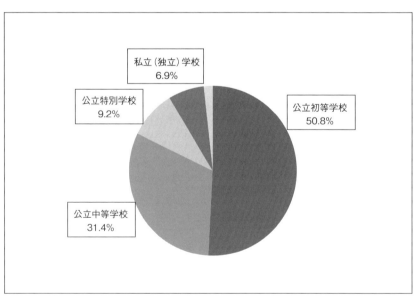

パワポ136　SENのある子どもの教育措置
（Department for Education, 2019をもとに作成）

ト」に基づいて支援を受けています。

b.　障害カテゴリーと障害のある子どもの教育措置

　1978年の「ウォーノック報告」を受けて，「1981年教育法」の第1条では，「特別な教育的な手立てを必要とする学習困難がある場合，その子どもは『特別な教育的ニーズ』があるとする」と規定されています。イギリスでは，初等・中等学校等に特別学級は設置されていませんが，SENのある子どもは評価手続きを経て，特別な教育的支援を受けることができます。

　まず，担任，SENCOおよび親等が，子どもに特別な教育的ニーズがあると判断した場合，必要な教育的支援を受けるために，申請を経て，評価手続きに入ります。特別な教育的支援には2種類あり，学校内における教育的支援は「SENサポート」であり，それでも子どものSENが満たされない場合，地方当局の付加的な支援を受ける「EHCプラン」による支援を受けます。

　「SENサポート」における教育的支援には，特別な学習プログラム，教員や助手からの追加的な支援，他の生徒との対話支援，小集団における学習などがあります。「EHCプラン」では，地方当局からの資金援助とともに教育・保健・ソーシャルケアなどの横断的な支援計画が立案され，それに沿った教育的支援が提供されます。

　2019年1月現在，14.9%の生徒にSENがあり，11.9%が「SENサポート」，3.1%が「EHCプラン」を受けています。パワポ135は，「最も一般的な初期ニーズの種類」であり，「SENサポート」では，スピーチ・言語・コミュニケーションのニーズ（23%），「EHCプラン」では，自閉症スペクトラム障害（29%）となっています。

c.　障害のある子どもの現状

　パワポ136は，「SENのある子どもの教育措置」の比率であり，公立初等学校（50.8%），公立中等学校（31.4%），公立特別学校（9.2%），私立（独立）学校（6.9%）となっています。イギリスでは，「2001年特別な教育的ニーズおよび障害法」において，インクルーシブ教育の原則採用が明示されており，SENのある子どもの教育は通常学校が中心となっています。しかしながら，特別学校の存在意義や専門性は依然として高く評価されており，現在も「EHCプラン」を持っている子どもの教育を受ける場として重要な役割を果たしています。

障害児教育の始まりの時期（1870年〜1910年）
韓国の障害児教育は，キリスト教の宣教師の努力により，救貧保護的な性格を持ちつつ発足しました。
植民地時代の障害児教育の時期（1910年〜1945年）
日本による植民地時代は，1924年に韓国最初の障害児教育関連法案である「済生院官制」により制定されました。これによって，障害児教育の公教育化が始まりました。
解放後の障害児教育法制整備の時期　（1945年〜現在）
独立後は，1949年に制定された「教育法」に特殊学校の設置等が明記されますが，実質的な障害児の公教育保障は，1977年制定の「特殊教育振興法」によります。2000年半ばからは権利に基づく障害児教育に関する法律や制度が整備されました。

パワポ137　韓国の障害児教育の歩み

区分		特殊学校	一般学校		特殊教育支援センター	計
			特殊学級	一般学級		
特殊教育対象者数		25,919	48,848	15,595	418	90,780
児童生徒数	障害種別 視覚障害	1,260	267	450	4	1,981
	聴覚障害	762	687	1,801	18	3,268
	知的障害	14,390	30,041	4,268	48	48,747
	肢体障害	3,680	3,924	2,714	121	10,439
	情緒・行動障害	214	1,337	670	-	2,221
	自閉性障害	5,065	6,283	803	5	12,156
	コミュニケーション障害	124	1,150	802	5	2,081
	学習障害	20	1,062	545	-	1,627
	健康障害	30	154	1,574	-	1,758
	発達遅滞	374	3,943	1,968	217	6,502
	計	25,919	48,848	15,595	418	90,780
	学校種別 障害乳児	164	-	-	418	582
	幼稚園	944	3,058	1,628	-	5,630
	小学校	7,245	24,169	6,617	-	38,031
	中学校	5,534	9,990	3,264	-	18,788
	高等学校	7,076	11,422	4,086	-	22,584
	専攻科	4,956	209	-	-	5,165
	計	25,919	48,848	15,595	418	90,780
学校及びセンター数		175	7,954	7,725	199	11,501
			11,127			
学級数		4,747	10,676	14,712	77	30,212
特殊学校(級)教員数		8,483	11,077	-	479	20,039
特殊教育補助員数		4,480	7,596	373	-	12,449

パワポ138　特殊教育対象児童・学生の現況

（韓国教育部特殊教育政策科，特殊教育年次報告書2018年より）

（3）韓　国
a. 障害児教育の歩み

　韓国において，障害児の教育は「特殊教育」とよばれています（パワポ137）。韓国における障害児教育は，1894年にアメリカの宣教師で医師であるロゼッタ・ホール女史が1人の盲女学生に点字教育を行ったことが始まりとされています。ホール女史は，1909年平壌に韓国最初の聾学校を設立するなど韓国の障害児教育に貢献しました。

　1910年から1945年までは日本による植民地時代となり，1924年に韓国最初の障がい教育関連法案である「済生院官制」が制定され，障害児教育の公教育化が始まります。済生院は，韓国最初の公立障がい児教育機関として捉えることもできますが，障害児教育機関というよりも障害児と孤児を共に救貧保護することが第一の目的でした。独立後の1949年に韓国独自の「教育法」が制定され，特殊学校の設置義務や特殊学級の拡充等が明記され，障害児教育の法制度ができました。しかし，韓国の障害児には，長年にわたり公教育が保障されてきませんでした。障害児の公教育の保障は，1977年の「特殊教育振興法」制定によります。そして2000年半ばに入り本格的に障害児の教育保障のための法的整備がされます。なかでも2007年に制定された「特殊教育法」によって，3歳からの幼稚園課程から18歳までの高等学校課程までが義務教育となり，3歳未満及び高等学校課程後の専攻科課程が無償教育となりました。また同年「障害者差別禁止法」が制定，2008年には「障害者権利条約」が批准され，今後，教育における障害者への差別解消や権利としての障害児教育が期待されています。

b. 障害児教育の現状

　「特殊教育法」では，「特殊教育とは，特殊教育対象者の教育的ニーズを満たすために，その特性に応じた教育課程，及び特殊教育関連サービスの提供を通して行う教育」と規定しています。特殊教育対象者は，「視覚障害，聴覚障害，知的障害，肢体不自由，情緒・行動障害，自閉性障害，コミュニケーション障害，学習障害，健康障害，発達遅滞，その他の障害」を指します。特殊教育関連サービスは，特殊教育対象の教育に必要な人的・物的サービスを意味しており，相談支援，家族支援，治療支援，補助人材支援，補助工学機器支援，学習補助機器支援，通学支援，情報アクセス支援などが含まれています。特殊教育対象者は，障害の程度や保護者の意見等を総合的に判断して，特殊学校，一般学校の特殊学級及び一般学級，特殊教育支援センター（巡回教育及び院内

区分		内容
幼・小・中等教育機関・保育施設含む	移動及びアクセス便宜	・通学の便宜提供　（別途の通学車両運営など） ・校門の外から学校の支援に至るまでの進入路は障害者児童生徒が安全に移動できるようにスロープ、点字ブロック等が設置されている ＊ ・学校内に階段のほか各階を上り下りできるようにスロープやエレベーターが設置されている ＊ ・教室、職員室、音楽室、図書室などの教育活動が行われているすべての施設は車いすを利用することができる ＊ ・移動に制約がないように出入口の幅が十分に確保されて段差をなくしている ・視覚障害児童生徒の利用のために階段、廊下などに点字標識付きのハンドレールが設置されている ＊ ・特殊学級は使用する移動やアクセスが良い場所に置かれている ・障害児童生徒が必要とする場合、一定期間、車いすなど移動器具を貸与する
	補助員の配置	・障害児童生徒が必要とすれば、教育補助員を提供する ＊ ・聴覚障害児童生徒の教育に必要な場合、手話通訳や文字通訳、補聴機器等を提供する ＊
	学習及びコミュニケーションのための補助機器	・視覚障害児童生徒のための点字資料、拡大文字資料、標準テキスト資料等を提供する ＊ ・視・聴覚障害児童生徒に画面拡大プログラム、拡大読書器、無地点字端末機、印刷物音声変換出力機器等を提供する ＊
	適切な教育及び評価	・個別化教育プログラムを提供する ・試験および評価のための適切な補助手段（拡大試験紙、特殊キーボードなど）や補助員を提供する ＊ ・障害の特性および評価の類型を考慮して試験および評価時間を延長する ＊ ・試験及び評価を行う際に障害の特性を考慮した評価方式（試験方法の変更）を運用して同等に参加できるようにする ＊
高等教育機関・他の教育機関	障害学生支援部署	・教育活動を支援するための別途の部署を設けているが、学生課など別途連携部署内に障害学生の教育活動を支援するための担当者がいる ・別途の部署ではないが、学生課など別途連携部署内に障害学生の教育活動を支援するための担当者がいる ＊
	募集や入学での便宜提供	・募集要項に関する情報や相談は障害学生がアクセスして利用することができる
	円滑な教授・学習のための便宜提供	・受講申請等学校教務に関する情報は障害学生が自由にアクセスして利用することができる ・受講申請等各種様式は障害学生自らが認知し、作成することができる ・障害学生が要請すれば拡大読書機、補聴機器、高さ調節用机等の学習補助機器、教育補助工学機器等を貸与 ・中間テストや期末テスト評価の際に不利益がないように試験時間と場所、方法等が調節できる
	教育施設内移動及びアクセスの便宜	・建物と建物の間に（定期的に行きさま する校内移動車両を運行する場合、車いすなどの搭乗設備が備えられている ・車いす使用の学生がすべての施設や場所に移動できるようにスロープが設置されている ＊ ・建物の主要な出入口・建物内の各出入口は車いすを使用する障害学生の出入が可能になるよう段差をなくしてあり、十分な幅を確保している

＊印は高等教育機関・他の教育機関にも規定されている。

パワポ139　国家人権委員会のガイドラインの「正当な便宜」の内容（金, 2014）

学級)で教育を受けています(パワポ138)。2018年，特殊教育対象となっている学齢期の児童・生徒は約9万人で，これは韓国の全児童・生徒の約1％余りにあたります。

　韓国の障害児教育において注目すべき点は，高等学校課程後の専攻科課程の無償教育があげられます。専攻科の無償化は，自立した成人生活を営むための準備をより効果的に進め，社会自立の促進につながります。

c.　今後の課題

　韓国では政治体制や経済的状況から障害児教育の法制整備のスタートが遅れました。そのため，社会整備が不十分ななかで，障害当事者やその家族の要求運動に突き動かされて法律は制定されました。2007年の特殊教育法制定時も障害当事者の権利獲得運動が大きな影響を与えます。しかし，権利獲得に重点がおかれ，日本の合理的配慮にあたる「正当な便宜」の在り方や運用に関する丁寧な議論がなされず，その解釈や運用をおいて課題を残しています。

　パワポ139は，国家人権委員会のガイドラインが示している「正当な便宜」の内容を示しています。ほとんどは身体・視覚・聴覚障害児の移動や社会参加を保障する基礎的環境整備について示しているだけです。また，「正当な便宜」を提供するための聴聞などの当事者の意思を尊重した手続規定が欠落しています。「正当な便宜」の提供は，障害の種類や特性に応じなければ妥当な正当性を持つものとは言えません。そのため，「正当な便宜」の提供において，障害児本人と保護者，教育責任者とが協議や意思疎通できる仕組みが必要となります。これは，今後，「正当な便宜」と「合理的配慮」の発展的運用のために取り組むべき基本的課題だといえます。

　韓国は，2006年国連で採択された障害者権利条約を2008年12月に批准していますが，批准に先駆けて2007年4月に制定した障害者差別禁止法では，障害者権利条約の「合理的配慮」を，障害当事者の主張により「正当な便宜」という用語に置き換えて導入しました。しかし，それはどのような意義を持つものなのか，また障害児の権利を実質的に保障する意味あるものとして機能しているかどうかは明らかにされていません。今後，教育現場における「正当な便宜」の運用実態を調査して，その意義と課題を分析する必要があります。

　なにより，知的障害児をはじめ，法的には権利が認められているとしても自らそれを主張・行使することが困難な障害児の立場から，「正当な便宜」の在り方と実践内容を検討していかなければなりません。

ホーチミン市師範大学の特殊教育教員養成カリキュラム

表1　専門基礎科目

分類	科目名	単位
普通教育に関する科目	保育・幼稚園・小学校の年齢段階の教育学 保育・幼稚園美術 保育・幼稚園音楽 児童読み聞かせ	3 3 3 2
特殊教育に関する科目	障害児心理学 特殊教育に関するベトナム語 特殊教育概要 インクルーシブ教育 障害児の早期介入プログラム 精神障害学	2 2 2 2 2 2
心理学に関する科目	子どもの心理学 保育・幼稚園・小学校の年齢段階の心理学 神経心理学	3 4 2
その他	子どもの衛生・病気予防	3

(2018年)

表2　専門科目（必修）

分類	科目名	単位
知的障害に関する科目	知的障害児の診断・評価 小学校における知的障害児の指導法 保育・幼稚園における知的障害児の養護・教育	3 3 4
発達障害に関する科目	自閉症児教育 注意欠陥・多動性障害児教育 学習障害児教育 障害児の行為管理 [1]	2 2 2 2
その他の障害に関する科目	言語障害児の指導法 脳性まひ児教育	2 2

1) 行動管理に関する基礎知識と対応に関する内容

表3　専門科目（選択必修）

選択グループ	開設科目	単位
グループ1 （いずれかの専攻）	（視覚障害専攻） 視覚機能評価 視覚心理 ベトナム語 歩行訓練 重複障害児教育 保育・幼稚園における視覚障害児の養護・教育 小学校における視覚障害児の指導法	 2 2 2 3 3 4 3
	（聴覚障害専攻） 聴覚学 聴覚障害児のコミュニケーション手段発達 サイン言語 聴覚障害児の聴覚口話法 保育・幼稚園における聴覚障害児の養護・教育 小学校における聴覚障害児の指導法	 2 3 3 4 4 3
グループ2 （1科目を選択）	心理療法 言語療法 リハビリ（機能訓練）	2 2 2
グループ3 （8単位分選択）	小学校の算数学習指導 小学校の国語学習指導 小学校の生活学習指導 保育・幼稚園の絵本読みの指導法 保育・幼稚園の生活科の指導法 保育・幼稚園の算数指導法 保育・幼稚園の言語指導法 音楽活動の設定法 図画工作活動の設定法	4 3 2 3 3 3 3 3 3

（4）ベトナム

　筆者は，1985年に3か月間，文部省在外研究（留学）員として日本人として初めてベトナムを訪れました。そして，2000年9月，ハノイ師範大学のホーチミン市分校で現職教員中心の障害児教員養成コース（ベトナムとして初めて）の創設に関わりました。①3年間で卒業（盲・ろう・知的障害のコースに2年次より分かれる，学生数約50名）のカリキュラムづくり　②日本からAI関係の器具，通訳費など1000万円の支援　③この分野の授業担当者を日本からボランティアで来てほしいという要請があり，実質的責任を任されました。

　ホーチミン市の平和村で当時4歳の結合双生児のベト・ドク（アメリカが撒いた枯葉剤〈ダイオキシンを含む〉の影響と考えられる）と出会い，二人に合った特製車いすを日本から送るなどの活動をする中で，ベトちゃんドクちゃんだけでなく，ベトナムの障害児教育と日本の交流セミナーを毎年夏に続けました（日本側約30〜50人，ベトナム側約100〜150人）。その中でベトナム政府が動き，前述の障害児教員養成コースができました。

　筆者は，発展途上国で社会主義をめざすベトナムの障害児教育から多くのことを学び，国際交流の重要性など視野を広げることができました。この活動はNPO　ベトナム医療，教育，介護，福祉研究会，通称「ベトちゃん・ドクちゃんの発達を願う会」として今も続いています。

　今日では，ベトナムのすべての師範大学（約30校）に障害児教員養成コース（2年制と4年制）が作られていますが，日本や欧米のように，障害の重い子，知的障害のある子には，未だ公教育は保障されていません。

コラム 8　個別の指導計画（具体例）

令和（　）年度　個別の指導計画　〔秘〕

年　　月　　日作成

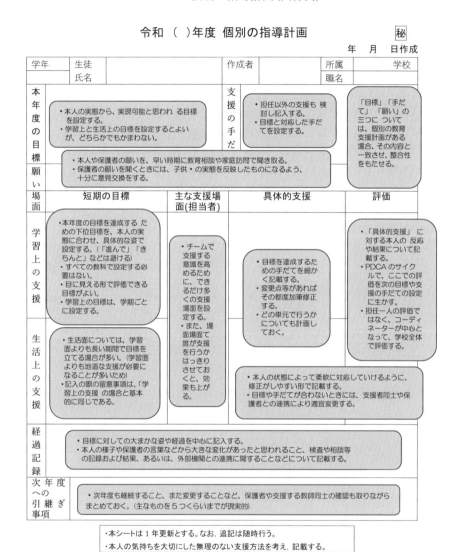

学年	生徒氏名		作成者		所属職名	学校

本年度の目標・願い

支援の手だ

- 本人の実態から、実現可能と思われる目標を設定する。
- 学習上と生活上の目標を設定するとよいが、どちらかでもかまわない。

- 担任以外の支援も検討し記入する。
- 目標と対応した手だてを設定する。

「目標」「手だて」「願い」の三つについては、個別の教育支援計画がある場合、その内容と一致させ、整合性をもたせる。

- 本人や保護者の願いを、早い時期に教育相談や家庭訪問で聞き取る。
- 保護者の願いを聞くときには、子供・の実態を反映したものになるよう、十分に意見交換をする。

場面	短期の目標	主な支援場面(担当者)	具体的支援	評価

学習上の支援

- 本年度の目標を達成するための下位目標を、本人の実態に合わせ、具体的な姿で設定する。（「進んで」「きちんと」などは避ける）
- すべての教科で設定する必要はない。
- 目に見える形で評価できる目標がよい。
- 学習上の目標は、学期ごとに設定する。

- チームで支援する意識を高めるために、できるだけ多くの支援場面を設定する。
- また、場面場面で誰が支援を行うかはっきりさせておくと、効果も上がる。

- 目標を達成するための手だてを細かく記載する。
- 変更点等があればその都度加筆修正する。
- どの単元で行うかについても計画しておく。

- 「具体的支援」に対する本人の反応や結果について記載する。
- PDCA のサイクルで、ここでの評価を次の目標や支援の手だての設定に生かす。
- 担任一人の評価ではなく、コーディネーターが中心となって、学校全体で評価する。

生活上の支援

- 生活面については、学習面よりも長い期間で目標を立てる場合が多い。(学習面よりも地道な支援が必要になることが多いため)
- 記入の際の留意事項は、「学習上の支援の場合と基本的に同じである。

- 本人の状態によって柔軟に対応していけるように、修正がしやすい形で記載する。
- 目標や手だてが合わないときには、支援者同士や保護者との連携により適宜変更する。

経過記録

- 目標に対しての大まかな姿や経過を中心に記入する。
- 本人の様子や保護者の言葉などから大きな変化があったと思われること、検査や相談等の記録および結果、あるいは、外部機関との連携に関することなどについて記載する。

次年度への引継ぎ事項

- 次年度も継続すること、また変更することなど、保護者や支援する教師同士の確認も取りながらまとめておく。(主なものを 5 つくらいまでが現実的)

- 本シートは 1 年更新とする。なお、追記は随時行う。
- 本人の気持ちを大切にした無理のない支援方法を考え、記載する。

（引用）愛県教育委員会特別支援教育課『小・中学校「個別の教育支援計画」作成ガイドブック』

付　　録

1.　滋賀における障害児教育の歴史

　明治維新を経て確立した公教育の成立は，資本主義の発展と関わって，日本の教育史においてその意義は大きいものです。障害児の教育に関わっては，「学制」（1782 年）に「廃人学校アルヘシ」と書かれています。

　江戸時代から明治にかけて，障害児教育の源流ともいうべき，滋賀の歴史について見てみましょう。

①　藩　校

　彦根城の南に彦根藩校(彦根藩稽古場)があり，武士たちは論語や武芸を学んでいました。試験は厳しく，「生質魯鈍」と言われる落第した武士がどのように処遇されたかを示した小川克正の研究があります。そこでは，通常のコースとは別に「特別学級」のコースが設けられ，論語などの古典ではなく，仮名文字の「軍記物語」を使い，楽しく学んでいました。

②　寺子屋(手習塾)

　武士の学習の場である藩校に対し，寺子屋は庶民の学習の場です。論語も教材に使われましたが，「読み，書き，算盤」と生活に役立つ学習が多く，論語の斉読などの集団学習もありましたが，個別学習が中心でした。個別学習は障害児者(聾者・肢体障害者・知的障害者)に馴染むものであったといえ，盲聾唖者の 10％程度が寺子屋に通学していたとも言われています。わが国初の障害児の公教育の場として開校した京都盲唖院も，寺子屋の発展として設立されたことを岡本稲丸が示しています。

③　当事者(盲人)の力で～彦根盲学校の創立

　盲人は明治維新以前の封建時代には盲人集団の力で，多くの地区で鍼按(ハリ・あんま)という一種の特別の覇権(専業)を握っていました。「座」を作り職人教育が行われています。杖を使っての移動，地域を知る感覚(風，におい)の利用なども含め，鍼按の技術を学んでいました。明治期，資本主義下で職業選択の自由によって盲人の専業が奪われていく中で，盲人の力で寺子屋的に京都

を始め，全国各地で盲学校づくりの源流となる取り組みが生まれました。

　滋賀県旧甲賀郡出身の山本清一郎は，京都市盲唖院を卒業後，明治41 (1908)年に民家を借りて生徒4人で「私立彦根訓盲院」を開設しました。滋賀県立に移管される昭和2(1927)年までは，県からの経済的支援はありませんでした。山本院長は朝から午後3時まで子ども達の授業(京都市盲唖院で自身が学んだことが基本)，その後は夜遅くまで夫婦で寄付集めの日々でした。経営は地域の200余名の賛同者(盲人仲間，キリスト教関係者や近郷近在の人々)の寄付でかろうじて成り立っていました。地元の医師や鍼灸師が奉仕で教員を務め，教育内容は鍼灸，按摩術，経穴学，解剖学，生理学など次第に訓盲院は学校らしくなり教室もできていきました。そして福沢諭吉らの欧米の障害児教育の思想，教育実践が導入されていきました。通学が難しい盲人のため寄宿舎を併設し，山本院長の妻(たい夫人)がその世話をしました。公立移管後は運営を任されると共に，地域の診療活動を展開しました。地域に開かれた学校として，今でいうインクルーシブ教育を実践していたと言えます。

　大正2(1913)年，県から鍼灸学校と指定され，昭和3(1928)年にようやく滋賀県盲学校となりました(ピーク時は在校生140名)。卒業生の多くは鍼灸の国家資格を取り，就職していきました。このように滋賀県の障害児教育を最初に切り開いたのは盲人当事者であることを忘れてはなりません。

④ 近江商人の父が作った滋賀県聾話学校

　西川吉之助は，アメリカ各地でデパートなどに勤務し，資本主義経済の組織力，宣伝力などを身につけ英語，ロシア語，ドイツ語，フランス語もできるインテリ近江商人でした。

　氏は併せて教育実践家でした。3歳の時に"聾"と診断されたわが子に，近江八幡の自宅で家庭教育を行い，5歳で250語を身につけさせたと言われています。外国語に強い西川は当時欧米聾教育で主流であった口話教育の論文を取り寄せ，自宅に「西川聾口話教育研究所」を開設しました(大正14年)。わが子だけでなく，近くの聾児の教育を自分の手で行いました。同時に文部省を動かし講座を行い，私財を出して「口話式聾教育」の月刊誌を発行しました(大正14年)。合同聾口話普及会を組織しました。ラジオにも出演しています。まさに大正デモクラシーと近江商人の力を示した人とも言えます。

　昭和3年に「西川聾口話教育研究所」を閉鎖し，同時に開校された滋賀県立聾話学校の校長に就任し，口話法による聾教育の発展に尽力しました。

⑤ 大正期，昭和期における滋賀県の知的障害児教育
～灯を点した人たち（第二次世界大戦戦前）

　大正14年に「坂本小学校」「八幡小学校」「愛知川小学校」の3校に特別学級が開設されました。大津市では，大津市中央国民学校（現：中央小学校）が県下初となる「精神薄弱特殊学級」が昭和17年に認可され，初田美雄が1年間の準備期間の後担任となり，翌18年4月に，IQ60以下の児童8名で開設されました。初田は鈴木治太郎から直接「鈴木ビネー検査」の手ほどきを受けています。当時京都市の特別学級の担任だった田村一二や池田太郎にしばしば指導を仰いでいたそうです。

　初田は個別指導を主流とした4領域を設けて指導に当たりました。

　4領域は，①朝の行事（挨拶，歯磨き，体操等），②学科学習（読み方，算数，自然観察等），③基礎学習Ⅰ（感覚筋肉訓練，諸作法，積み木，紐結び等），基礎学習Ⅱ（音感，色感，音楽，図工など手先での学習），④作業（農園，動物飼育，運搬，清掃等）などです。

　しかし翌年，初田は海軍に応招となり，学級は昭和18年度の1年間だけで閉級となりました。

⑥ 養護学校教育の義務制実施

　1960年代に文部省は特殊学級や肢体不自由養護学校の計画設置を進めました。1960年代後半から70年代初め「不就学児をなくし，すべての子どもの就学を保障する運動」が全国に広がり，障害を理由として就学できない子どもを対象とした「日曜学校」などが教職員や関係者によって取り組まれました。子ども，関係者の願いを受け止め，こうした子どもを受け入れる養護学校が開設されていきました。文部省も特殊教育に関する法整備や特殊教育拡充計画等を開始し，1971年に盲・ろう・養護学校の学指導要領を告示，1975年に「障害がいかに重度であり重複している場合であろうとも，もとより教育基本法に掲げる目的の達成をめざしておこなわれるべきもの」とし，1979年の養護学校義務制を迎えました。

　わが国の障害児教育は，これまでみてきた滋賀にとどまらず，民衆の手によって築かれてきた歴史であったということができます。

［参考文献］
藤本文朗（1996）．障害児教育の義務制に関する教育臨床的研究　多賀出版社
藤本文朗他（2018）．「滋賀県障害児者教育実践歴史ノート」「国際文化政策」第9号

2.　障害者権利条約

　障害者権利条約(Convention on the Rights of Persons with Disabilities)とは，2006 年 12 月に国連総会で採択された正式名称「障害者の権利に関する条約」のことです。この条約は，障害者の人権や基本的自由の享有を確保し，障害者の固有の尊厳の尊重を促進することを目的として，障害者の権利を実現するための措置等について規定しており，障害者に関する初めての国際条約です。その内容は，条約の原則(無差別，平等，社会への包容等)，政治的権利，教育・健康・労働・雇用に関する権利，社会的な保障，文化的な生活・スポーツへの参加，国際協力，締約国による報告等，幅広いものとなっています。

条約作成に至る国際的な経緯

　障害者権利条約が採択されるまでに国連ではさまざまな取り組みが行われました。1975 年には「障害者の権利宣言」が採択され，翌 1976 年には 1981 年を「国際障害者年」とすることが決議されました。1982 年には「障害者に関する世界行動計画」と「国連障害者の十年」(1983 年〜1992 年)決議が採択されました。1993 年には「障害者の機会均等化に関する標準規則」が採択され，障害者の社会的障壁を取り除くべきとの理念が示されました。2001 年 12 月の国連総会では，「障害者の権利及び尊厳を保護・促進するための包括的・総合的な国際条約」決議が採択され，国際条約を起草するための「アドホック委員会」を設置することが決まりました。

"私たちのことを，私たち抜きに決めないで"

　条約の起草交渉は，政府間で行われることが通例ですが，このアドホック委員会では，障害者団体は傍聴できるだけでなく，発言する機会も設けられました。それは，障害者の間で使われているスローガン"Nothing About Us Without Us"(私たちのことを，私たち抜きに決めないで)に表れている，障害者が自身に関わる問題に主体的に関与するとの考え方を反映し，名実ともに障害者のための条約を作成しようという，国際社会の総意の表れでした。日本の政府代表団は，障害当事者を顧問に迎え，起草交渉に積極的に関与したほか，日本から延べ 200 人にのぼる障害者団体の関係者が国連本部(ニューヨーク)に足を運び，実際にアドホック委員会を傍聴しました。2002 年から 8 回にわた

るアドホック委員会を経て，2006 年 12 月 13 日，障害者権利条約が国連総会
で採択されました。2008 年 5 月 3 日，障害者権利条約は，効力発生の要件が
整い発効しました。

日本の障害者権利条約の締結

　2013 年 6 月の障害者差別解消法の成立をもって，一通りの障害者制度の充
実がなされたことから，同年 10 月，国会において日本の障害者権利条約の締
結について議論が始まりました。そして，同年 11 月 19 日には衆議院本会議に
おいて，12 月 4 日には参議院本会議において，日本の障害者権利条約の締結
が全会一致で承認されました。これを受けて，2014 年 1 月 20 日，日本は条約
の批准書を国連に寄託し，日本は 141 番目の締約国・機関となりました。

［参考文献］
外務省パンフレット　わかりやすい版「障害者の権利に関する条約」の締結

3.　障害者差別解消法

　障害者差別解消法とは，2013（平成25）年6月26日に公布され，2016（平成28）年4月1日から施行された，正式名称「障害を理由とする差別の解消の推進に関する法律」のことです。

　この法律は，障害者基本法の基本的な理念にのっとり，障害者基本法第4条の「差別の禁止」の規定を具体化するものとして位置づけられており，障害を理由とする差別の解消の推進に関する基本的な事項，行政機関等及び事業者における障害を理由とする差別を解消するための措置等を定めることによって，差別の解消を推進し，それによりすべての国民が，相互に人格と個性を尊重し合いながら共生する社会の実現に資することを目的としています。

　「差別解消のための措置」として，①「差別的取扱い」の禁止，②合理的配慮不提供の禁止，③具体的な対応，④実効性の確保，について定めています。政府が障害者の差別の解消の推進に関する基本方針を作成しようとするときは，あらかじめ障害者その他の関係者の意見を反映させるために必要な措置を講ずるとともに，障害者政策委員会の意見を聴かなければなりません。

障害者差別解消法の制定の背景と経緯

　政府は，国連「障害者権利条約」の締結に必要な国内法の整備を始めとする障害者制度の集中的な改革を行うために，2009（平成21）年12月に，内閣に「障がい者制度改革推進本部」を設置しました。そして障害者施策の推進に関する事項について意見を求めるため，障害当事者，学識経験者等からなる「障がい者制度改革推進会議」（以下「推進会議」）を開催しました。

　推進会議では，2010（平成22）年1月から計14回にわたり議論が行われ，その意見を踏まえて政府では，同年6月29日に「障害者制度改革の推進のための基本的な方向について」を閣議決定しました。この中で，障害を理由とする差別の禁止等を検討し，2013（平成25）年の通常国会への法案提出をめざすことになり，新しい法制の制定に向けた検討を行うために，2010（平成22）年11月から推進会議の下に「差別禁止部会」が開催されました。

　差別禁止部会では，「障害を理由とする差別の禁止に関する法制」（以下「差別禁止法」）の制定に向けた検討が進められ，2012（平成24）年3月には論点の中間整理が行われました。

　その後，同年7月には，「障害者基本法」の改正に基づき，推進会議の機能を発展的に引き継ぐものとして障害者政策委員会(以下「政策委員会」)が発足したことから，差別禁止法のあり方の検討の場も推進会議から政策委員会へと移されました。

　政策委員会の下に新たに設置された差別禁止部会では，推進会議の下で開催されてきた差別禁止部会における21回にわたる議論も踏まえて，同年7月から4回の議論を行い，同年9月14日に差別禁止部会としての意見を取りまとめました。

　この意見を踏まえ，政府では「障害を理由とする差別の解消の推進に関する法律案」(「障害者差別禁止法」)を作成し，第183回通常国会に提出されて6月19日に法律として成立し，同26日に公布されました。

引用・参考文献

〈1〉

発達・知的障害者の大学教育研究(2018). 創刊号, 2 号(2019), 3 号(2020)

一般社団法人日本 LD 学会編(2017). LD・ADHD 等関連用語集(第 4 版)　日本文化科学社

文部科学省(2007). 特別支援教育資料　各年度版

障がい者の生涯学習支援研究(2017). 創刊号, 2 号(2018), 3 号(2019), 4 号(2020)

田中良三(2013). 発達障がい青年の学び・支援　SNE ジャーナル, 第 19 巻第 1 号　文理閣

田中良三(2018). 障害児保育と特別支援教育の関係性　瀬木学園紀要, 第 12 号

田中良三(2019). 生涯, 学び続けられるように　特別支援教育(文科省), 74 号夏

田中良三(2019). 特別支援教育の検証　SNE ジャーナル, 第 25 号　文理閣

田中良三・藤井克徳・藤本文朗(2016). 障がい者が学び続けるということ　新日本出版社

田中良三・大竹みちよ・平子輝美(2016). 障がい青年の大学を拓く　クリエイツかもがわ

〈2-1〉

有馬正高監修(2007). 知的障害のことがわかる本　講談社

独立行政法人　国立重度知的障害者総合施設　のぞみ園資料

向後利昭監修(2013). 知的障害の子どものできることを伸ばそう　日東書院

〈2-2〉

American Psychiatric Association(2013). DSM-5(アメリカ精神医学会による精神疾患の診断と統計マニュアル　第 5 版)

https://hugkum.sho.jp/79734

ICD-10(2013). WHO 国際疾病分類第 10 版

稲垣真澄(2014). ADHD 発達障害研究, 36(1), 31-35.

国際ディスレクシア協会(International Dyslexia Association：IDA 2002)

窪島務(2019). 読み書き障害(ディスレクシア：dyslexia)　玉村公二彦・黒田学・向井啓二・平沼博将・清水貞夫(編著)　新版・キーワードブック特別支援教育　クリエイツかもがわ　pp.186-187.

宮原資英・七木田敦・澤江幸則(2014). 発達性協調運動障害　DSM-5 対応神経発達障

害のすべて．こころの科学，90-94.

小渕隆司(2019)．自閉症スペクトラム(ASD)　玉村公二彦・黒田学・向井啓二・平沼博将・清水貞夫(編著)　新版・キーワードブック特別支援教育　クリエイツかもがわ　pp.190-191.

奥住秀之(2008)．どうして？教えて？自閉症の理解　全障研出版部

杉山登志郎(2014)．自閉症スペクトラムの臨床　発達障害研究，36(1)，14-23.

田中優子・神尾陽子(2007)．自閉症における視覚認知研究の新しい動向　心理学評論，50(1)，40-45.

Uta Frith／富田真紀・清水康夫・鈴木玲子(訳)(2009)．新訂　自閉症の謎を解き明かす　東京書籍

〈2-3〉

猪狩恵美子・河合隆平・櫻井宏明(編著)(2014)．テキスト肢体不自由教育―子ども理解と教育実践　全国障害者問題研究会

国立特別支援教育総合研究所(2015)．特別支援教育の基礎・基本 新訂版　ジアース教育新社

マーク・マーシャーク，パトリシア・エリザベス・スペンサー(2015)．オックスフォード・ハンドブック　デフ・スタディーズ　ろう者の研究・言語・教育　明石書店

三木裕和・原田文孝(2009)．重症児の授業づくり　クリエイツかもがわ

芝田裕一(2015)．視覚障害児者の理解と支援　新版　北大路書房

玉村公二彦・黒田学・向井啓二・平沼博将・清水貞夫(編著)(2019)．新版・キーワードブック特別支援教育―インクルーシブ教育時代の基礎知識　クリエイツかもがわ

〈2-4〉

厚生労働省(2014)．「情緒障害児短期治療施設(児童心理治療施設)運営ハンドブック」平成26年

厚生労働省(2018)．平成29年度　児童相談所での児童虐待相談対応件数(速報値)

文部科学省(2003)．不登校への対応について　平成15年3月

文部科学省(2006)．学校等における児童虐待防止に向けた取組について(報告書)　平成18年

文部科学省(2006)．学校等における児童虐待防止に向けた取組に関する調査研究会議研修資料　平成18年

文部科学省(2014)．平成26年1月14日付け25文科初第928号　学校教育法施行規則の一部を改正する省令等の施行について(通知)　平成26年

文部科学省(2017)．外国人児童生徒等教育の現状と課題　平成30年度　都道府県・市区長村日本語指導教育担当者研修

文部科学省(2019)．平成30年度　児童生徒の問題行動・不登校生徒指導上の諸課題に関する調査について(令和元年10月17日　文部科学省初等中等教育局児童生徒課)

文部科学省初等中等局児童生徒課生徒指導第一係(2006)．研修教材「児童虐待防止と学校」モジュール3　平成18年／(出典)　堺市子ども虐待連絡会議・堺市保健福祉児童部児童家庭課編　「子どもを虐待から守るための支援(5)」(平成14年7月)

文部科学省初等中等局国際教育課(2014)．外国人児童生徒のためのJSL対話型アセスメントDAL　平成26年3月

〈3-1〉

別府悦子・香野毅(編)(2018)．支援が困難な事例に向き合う発達臨床　教育・保育・心理・福祉・医療の現場から　ミネルヴァ書房

原田大介(2017)．インクルーシブな国語科授業づくり―発達障害の子どもたちとつくるアクティブ・ラーニング　明治図書

インクルーシブ授業研究会編(2015)．インクルーシブ授業をつくる　ミネルヴァ書房

窪田知子(2015)．学校全体の指導構造の問い直しとこれからの学校づくり　インクルーシブ授業研究会(編)　インクルーシブ授業をつくる　ミネルヴァ書房

日本教育方法学会(編)(2010)．日本の授業研究　学文社

三上周治(1999)．「学級崩壊」小考　特別なニーズとインテグレーション学会(編)　SNEジャーナル，第4号　文理閣

中川拓也(2009)．中学・高校の学級づくりのポイント．湯浅恭正(編)　自立への挑戦と授業づくり・学級づくり　明治図書

里中広美(2008)．大地とみんなをどうつなぐか―攻撃・排除からつながりへ　湯浅恭正(編)困っている子と集団づくり　クリエイツかもがわ

里中広美(2009)．発達障害児の学習参加を高める授業の展開―表現教科の実践から．湯浅恭正(編)　子ども集団の変化と授業づくり・学級づくり　明治図書

吉本均(編)(1987)．現代授業研究大事典　明治図書

湯浅恭正他編(2000)．学級崩壊―小学校低学年　フォーラム・A

湯浅恭正・越野和之他編(2011)．子どものすがたとねがいをみんなで　クリエイツかもがわ

〈3-2〉

文部科学省(2002)．障害のある児童生徒の就学について　文科初第291号初等中等教育局長通知

文部科学省(2012)．通常の学級に在籍する発達障害の可能性のある特別な教育的支援を必要とする児童生徒に関する調査

文部科学省(2019)．平成29年度通級による指導実施状況調査結果について　特別支援教育資料(平成29年度)

文部科学省初等中等教育局特別支援教育課(2016)．高等学校における通級による指導の導入について(平成28年11月8日)

〈3-3〉

川合紀宗・野崎仁美(2014). インクルーシブ教育システムの構築にむけた交流及び共同学習の課題と展望 ―今後の共同学習のあり方を中心に― 広島大学大学院教育学研究科紀要 第一部 第63号, 127

文部科学省(2017). 小学校学習指導要領

文部科学省(2017). 中学校学習指導要領

文部科学省(2017). 特別支援学校 小学部・中学部学習指導要領

文部科学省(2017). 小学校学習指導要領解説 総則編

文部科学省(2017). 中学校学習指導要領解説 総則編

文部科学省(2017). 特別支援学校学習指導要領解説 自立活動編

文部科学省(2017). 特別支援教育資料

文部科学省初等中等教育局特別支援教育課(2017). 障害のある児童生徒との交流及び共同学習等の実施状況調査結果 8.

湯浅恭正・小室友紀子・大和久勝(編)(2016). 自立と希望をともにつくる 特別支援学級・学校の集団づくり クリエイツかもがわ

〈3-4〉

文部科学省(2018). 特別支援学校学習指導要領解説各教科等編(小学部・中学部)

文部科学省(2019). 新しい時代の特別支援教育の在り方に関する有識者会議会議資料「日本の特別支援教育の状況について」

〈3-5〉

寄宿舎教育研究会編(2005). 障害児学校寄宿舎の歴史と現状 寄宿舎教育研究会25周年記念集会資料

きょうされん(2016). 障害のある人の地域生活実態調査の結果報告

小野川文子・髙橋智(2011). 肢体不自由特別支援学校在籍の児童生徒とその家族の生活実態の検討―都立肢体不自由特別支援学校の保護者調査から― SNE ジャーナル, 第17巻1号 文理閣

小野川文子・髙橋智(2015). 卒業生調査からさぐる肢体不自由特別支援学校併設の寄宿舎の役割―寄宿舎経験のある卒業生の面接法調査から― SNE ジャーナル, 第21巻1号 文理閣

小野川文子・髙橋智(2018). 知的障害児の「育ちと発達の困難」の実態と寄宿舎教育の役割―寄宿舎併設知的障害特別支援学校の保護者調査から― SNE ジャーナル, 第24巻1号 文理閣

小野川文子・髙橋智(2019). 全国の特別支援学校寄宿舎の現状と課題―都道府県教育委員会・寄宿舎併設特別支援学校のウェブサイト調査より― SNE ジャーナル, 第25巻1号 文理閣

鈴木勲(2009). 逐条学校教育法 第7改訂版 学陽書房

〈3-6〉
第4回社会保障審議会児童部会放課後児童対策に関する専門委員会　2018年1月29日
　　参考資料
第91回社会保障審議会障害者部会配布資料(2018年10月24日)
厚生労働省(2018)．平成30放課後児童健全育成事業(放課後クラブ)の実施状況(2018
　　年5月1日現在)
社会保障審議会児童部会　第2回遊びのプログラム等に関する専門委員会(2015)．配布
　　資料

〈3-7〉
文部科学省(2017)．義務教育の段階における普通教育に相当する教育の機会の確保法
文部科学省(2017)．フリースクール等に関する検討会議報告「不登校児童生徒による学
　　校以外の場での学習等に対する支援の充実～個々の児童生徒の状況に応じた環境づ
　　くり～」平成29年2月13日
文部科学省(2018)．平成30年度「学校基本調査」特別支援学校理由別長期欠席児童・
　　生徒数(小・中学部)
見晴台学園(2019)．学園案内

〈4-1〉
厚生労働省(2014)．障害児支援の在り方に関する検討会．今後の障害児支援の在り方に
　　ついて(報告書)～「発達支援」が必要な子どもの支援はどうあるべきか～
厚生労働省(2017/2018)．保育所保育指針　厚生労働省告示第117号(平成29年3月31
　　日／平成30年4月1日施行)
文部科学省(2017/2018)．幼稚園教育要領　文部科学省告示第62号(平成29年3月31
　　日／平成30年4月1日施行)
内閣府・文部科学省・厚生労働省(2017/2018)．幼保連携型認定こども園教育・保育要
　　領内閣府・文部科学省・厚生労働省告示第1号(平成29年3月31日／平成30年4
　　月1日施行)
大津市立やまびこ園(2005)．やまびこ　平成16年度年報
田中良三(2018)．障害児保育と特別支援教育の関係性．瀬木学園紀要　第12号　瀬木
　　学園

〈4-3〉
独立行政法人国立特殊教育総合研究所(2006)．「個別の教育支援計画」の策定に関する
　　実際的研究(https://www.nise.go.jp/kenshuka/josa/kankobutsu/pub_c/c-61.
　　html)
厚生労働省(2018a)．障害児支援施策の概要(https://www.mhlw.go.jp/
　　content/12200000/000360879.pdf)

厚生労働省(2018b)．障害福祉サービスについて(https://www.mhlw.go.jp/stf/seisakunitsuite/bunya/hukushi_kaigo/shougaishahukushi/service/naiyou.html)

文部科学省(2018)．特別支援教育資料(平成29年度)(https://www.mext.go.jp/a_menu/shotou/tokubetu/material/1406456.htm)

〈4-4〉

本田秀夫(2017)．自閉スペクトラム症の理解と支援　星和書店

日本小児神経学会社会活動委員会(2006)．医療的ケア研修テキスト　クリエイツかもがわ

高谷清(2011)．重い障害を生きるということ　岩波書店

滝川一廣(2017)．子どものための精神医学　医学書院

尾崎望(2018)．障害児(者)医療の発展と今日的課題．障害者問題研究，46，18-25.

〈4-5〉

小畑耕作(2016)．ありのままの自分を受け止めてくれる─「那賀青年学級」(和歌山)　田中良三・藤井克徳・藤本文朗(編著)　障がい者が学び続けるということ　新日本出版社

小林繁(2010)．障害をもつ人の学習権保障とノーマライゼーションの課題　れんが書房新社

國本真吾(2018)．障害青年の教育年限延長要求と生涯学習　人間発達研究所紀要，第31号

國本真吾(2019a)．高等部専攻科と福祉事業型専攻科　玉村公二彦他　新版キーワードブック特別支援教育　クリエイツかもがわ

國本真吾(2019b)．「特別支援教育の生涯学習化」による障害者の生涯学習推進．障害者問題研究，第47巻第2号

國本真吾・谷垣靜子・黒多淳太郎(2002)．知的障害者を対象とした高等教育保障の実践　鳥取大学教育地域科学部教育実践総合センター研究年報，第12号

松矢勝宏・養護学校進路指導研究会(2004)．大学で学ぶ知的障害者　大揚社

文部科学省(2016)．文部科学省が所管する分野における障害者施策の意識改革と抜本的な拡充〜学校教育政策から「生涯学習」政策へ〜

文部科学省(2017)．特別支援学校小学部・中学部学習指導要領

建部久美子・安原佳子(2001)．知的障害者と生涯教育の保障　明石書店

山﨑由可里(2001)．地域・家庭・仲間たちをつなぐ結節点としての青年学級「すばらしき仲間たち」障害者問題研究，第29巻第1号

〈5-1〉

中村満紀男・荒川智(編著)(2003)．障害児教育の歴史　明石書店

平田勝政(編著)(2019)．長崎・あの日を忘れない〜原爆を体験した目や耳の不自由な人

たちの証言〜　長崎文献社

〈5-2〉

Department for Education (2019). *Special Educational Needs in England: January 2019*.
韓国教育部特殊教育政策科(2018). 特殊教育年次報告書
金仙玉(2014). 韓国における障害者権利条約批准後の障害者の教育権保障に関する一考察―国家人権委員会のガイドラインと勧告の分析を通して―. 総合社会福祉研究, 44, 107-117.
金仙玉(2016). 韓国の教育現場における「正当な便宜」の運用実態の考察―合理的配慮との違いに着目して―. 海外社会保障研究, 193, 68-75.
水野和代(2018). アメリカ合衆国における知的障害者の高等教育機関進学の背景と現状. 中部社会福祉学研究, 第9号, 日本社会福祉学会中部部会
水野和代 (2019). イギリスにおけるインクルーシブ教育政策の歴史的展開　風間書房
U.S. Department of Education (2018). *40th Annual Report to Congress on the Implementation of the Individuals with Disabilities Education Act, 2018*.

おわりに

　「はじめに」で述べられているように，このテキストは，これから教職をめざそうとされている皆さんにとって，「特別支援教育」の入門となるように編集したものです。しかし，これまで教職を学ぶテキストを手に取ってみると，障害をはじめとして特別支援教育の分野については，スペースは少なく，テキストの最後あたりに登場してくるのが一般的でした。それだけ，教育の世界で特別支援教育の分野は，補足的な位置にあったのです。「私は特別支援の専門外だから・・・」と言って「通常の教育」と切り離して特別支援の課題を遠ざけることもまだ少なくないようです。

　こうした状況の中で，特別支援教育の課題が教職課程の必須科目に位置づけられたのは，単に特別支援への対応がマスコミなどで大きく取り上げられてきたという理由だけではありません。特別な教育的ニーズのある子どもの願いや要求は，今日の学校を改革するための展望を示しているのだという考え方が広まってきたからです。「この子らを世の光に」（糸賀一雄）と言われたように，特別支援教育の在り方が，学校教育のこれからを考えるために大きな示唆を与えてくれるのだと思います。

　特別な教育的ニーズのある子どもを含めて，どの子も排除されないインクルーシブな学校と地域社会をつくる取り組みが，今，この国には求められています。このテキストにはインクルーシブ教育を展望しようとする願いが込められています。しかし，学校スタンダード・ゼロトレランスといった学校生活の中で，多くの子どもたちは生きづらさを体験しています。そして，児童虐待に示されるように，安心・安全な暮らしからほど遠い生活を生きている子どもの状況も，現代社会の病理を示しています。

　教職をめざす上で，教職の専門性である教育実践力を養うことは大切な課題です。しかし，これからの時代に求められるのは，教育実践を支える子ども観・発達観・自立観などの教育観を確かにすることです。このテキストを出発にして，特別支援教育に関心を寄せ，教育観を学ぶ旅に踏み出していただくことを期待しています。もちろん，特別支援教育を理解するには，基本的な用語

等の意味を理解することが必要です。テキストの情報や掲載されている参考文献等をもとにして仲間と学びながら，これからの特別支援教育，そして，それにつながる現代の子育て・学校教育の行方を考えていただくことを望みます。

このテキストには特別支援教育の分野を精力的に探究されてきている全国の方々に執筆をお願いしました。ご協力に感謝いたします。そして，テキストの企画から刊行まで丁寧にご教示いただいた培風館の近藤妙子さんに厚くお礼申し上げます。

2020 年 1 月

湯浅　恭正

編著者紹介

田 中 良 三
た なか りょう ぞう

1976 年　名古屋大学大学院教育学研究科博士後期課程満期
　　　　　退学
　　　　　愛知県立大学講師，助教授，教授を経て
現　在　愛知みずほ短期大学特任教授，愛知県立大学名誉
　　　　教授，NPO 法人見晴台学園大学学長

主要著書

障害者が学び続けるということ（編者，新日本出版社）
障がい青年の大学を拓く（編者，クリエイツかもがわ）

湯 浅 恭 正　博士（学校教育学）
ゆ あさ たか まさ

1979 年　広島大学大学院教育学研究科博士後期課程退学
　　　　　徳島文理大学講師，香川大学講師・助教授・教授，
　　　　　大阪市立大学教授を経て
現　在　中部大学教授

主要著書

障害児授業実践の教授学的研究（単著，大学教育出版）
インクルーシブ授業の国際比較研究（共編著，福村出版）

藤 本 文 朗　博士（教育学）
ふじ もと ぶん ろう

1961 年　京都大学大学院教育学研究科修士課程修了
　　　　　福井大学講師・助教授，滋賀大学教授を経て
現　在　滋賀大学名誉教授

主要著書

障害児教育の義務性に関する教育臨床的研究
　　　　　　　（単著，多賀出版）
ひきこもる人と歩む（編者，新日本出版社）

2020 年 4 月 10 日　　初 版 発 行

教師になるための特別支援教育
パワーポイントで学ぶ

	田 中 良 三
編著者	湯 浅 恭 正
	藤 本 文 朗
発行者	山 本　格

発 行 所　株式会社　培 風 館

東京都千代田区九段南 4-3-12・郵便番号102-8260
電　話(03)3262-5256(代表)・振 替 00140-7-44725

東港出版印刷・牧 製本

PRINTED IN JAPAN

ISBN978-4-563-05256-0 C3037